공자와 떠나는
행복여행

행복론 1 유교의 행복론

공자와 떠나는
행복여행

김용남 지음

너울북

머리말

 필자가 '행복'이란 단어에 깊이 빠져든 것은 「유교의 행복관」이라는 주제로 석사학위 논문을 쓰면서부터였다. 분명 흔하게 사용하던 말이었으나 막상 행복을 주제로 논문을 쓰려니 그에 대한 정의조차 쉽지 않았다. 심지어 만나는 사람들에게 행복하냐고 물었을 때, "행복하다"고 대답하는 사람도 드물었다. 그래서 생각해 낸 것이 바로 단어에 대한 탐색이었다.

 행복이라 번역되는 'eudemonia'는 개인의 수호신을 뜻하는 'eudemon'에서 유래하였다고 한다. 그러므로 행복하다는 말은 정확히 설명하자면 '수호신에 보호된다'는 뜻이다.

 수호신의 보호를 받는다는 것은 안락하다는 뜻이고, 자유롭다는 뜻이다. 또한 모든 결핍이 해결된 충만된 상태라고도 할 수 있다. 그러므로 행복이란 '나'와 '너'로 나뉘지 않은 절대세계에서만 가능하다고 할 수 있다. 즉 '나'라고 하는 이기심이 사라졌을 때 비로소 '행복'이 찾아온다는 뜻이다. 그 때문에 삶에서 절대세계와 조우하게 되는 순간은 하나의 큰 사건이며 축복이기도 하다. 모든 올바른 종교가 절대세계(진리)를 지향하는 것도 그 때문이다.

종교란 말 그대로 '궁극적인 진리에 대한 가르침'이다. 궁극이란 말 그대로 가장 귀하고 높아서 더 이상은 없는 것을 의미한다. 그러므로 만약 신이 가장 귀하고 가장 높아서 더 이상은 없는 존재를 일컫는 말이라면 그 자체가 이미 종宗이 된다. 또 가장 귀하고 높은 진리란 이 세상에 둘이 될 수는 없는, 오직 그것 하나뿐이어야만 한다.

그러나 이 세상 만물이 모두 조화와 질서를 이룰 수 있도록 하는, 가장 귀하고 가장 높고 가장 완전한 그 '무엇'에 대한 이름은 수없이 많을 수 있다. 하지만 딱 잘라 한 마디로 말한다면 '진리'라고 할 수 있다. 진리에 대한 각 종교의 이름을 살펴보면 참으로 다양하다.

불교에는 모든 욕망과 번뇌를 다 내려놓았다는 의미의 '해탈', 투쟁과 갈등으로 얼룩진 이 세상으로부터 조화와 균형의 저 세상으로 건너간다는 '피안', 모든 고통은 사라지고 오직 즐거움만이 넘친다고 하는 '극락', 헤아릴 수 없는 밝은 광명의 세계란 뜻의 '무량광', 헤아릴 수 없이 무한한 생명이란 뜻의 '무량수' 등 다양한 이름이 있다. 기독교에서도 절대세계를 하느님(혹은 하나님)

이라 할 수 있는 신神 내지는 생명, 사랑, 빛, 진리 등으로 부른다. 도가道家에서는 진리를 무위無爲의 개념인 자연自然, 알 수 없다는 의미의 묘妙, 혼돈, 무명無名 등으로 부른다. 유교儒敎에서도 하늘[天], 천명, 리理 등의 다양한 이름이 있다.

따라서 단지 윤리강상에 대한 가르침으로 인식되고 있는 유교 또한 종교임에 틀림없다. 그 가르침이 행복에 이르는 길, 즉 진리의 구현을 목표로 하고 있기 때문이다. 공자가 "아침에 도를 들으면 저녁에 죽어도 좋다"고 한 것도 그런 이유이다. 또한 『서경』「홍범」편의 다섯 가지 복 가운데 네 번째가 바로 '진리를 기뻐함(유호덕)'이란 점을 보아도 알 수 있다.

그런데 『논어』「요왈」편에는 요임금이 순임금에게 제위를 물려주면서 '중中을 잡을 것[允執厥中]'을 당부하는 내용이 나온다. 또한 『서경』「대우모」편에서 순임금이 우임금에게 제위를 물려주면서도 '중中을 잡을 것'을 당부하고 있다. 하지만 유교의 종조로 불리는 공자의 핵심사상이 무엇이냐고 물으면 누구나 '인仁'이라고 답한다. 맹자의 핵심사상에 대하여는 '인의仁義'를 거론하지만, 정작 맹자 본인은 '마음을 찾을 것'에 학문의 목표를 둔다. 게다가 '호연지기를 기를 것'을 강조한다.

성인으로 불렸던 요임금과 순임금이 중中을 강조한 것은 백성들을 다스림에 있어 '하늘 마음'을 쓸 것에 대한 당부였다고 할 수 있다. 공자가 말한 인仁 역시 사람에게 내재된 '하늘 마음'이

인이기 때문이다. 맹자가 말한 호연지기 역시 천지간에 충만한 '사랑의 기운'에 대한 별칭이라 할 수 있다. 공자의 손자로 알려져 있는 자사子思는 '하늘 마음'을 실천하는 방법론을 『중용』으로 정리하였다. '중용'이란 하늘 마음에 부합하는 사랑과 지혜가 충만한 삶을 실천하는 것이기 때문이다. 그것이 성리학에 이르면, '하늘 마음을 회복하여 성인에 이를 것〔復性成聖〕'으로 귀결된다.

『공자와 떠나는 행복여행』은 필자의 세 번째 책이다. 누구나 그렇겠지만 필자도 책을 집필하는 과정에서 참 많이 행복하였다. 두어 달 전에 찾아뵈었던 도원道原 유승국 선생님께서는 퇴계 선생님의 말을 인용하여, "성경현전이 모두 결과적으로 나를 위한 학문이다〔聖經賢傳 果皆爲吾之學矣〕"고 하셨다. 그래서 더욱 성현의 말씀을 접할 수 있도록 나를 이끌어주셨던 스승님들에 대한 감사는 가슴에 사무친다. 오늘의 필자를 있게 해 주신 성균관대학교의 도은道隱 이기동 교수님과, 동국대학교 계환 스님께 다시 한 번 머리 숙여 감사드린다. 특히 시간이 될 때면 성현들의 가르침을 일일이 짚어가며 가르침을 베풀어주시는 유승국 선생님의 은혜는 무어라 표현하기 어렵다. 더불어 이번에도 어김없이 꼼꼼하게 윤문으로 도움을 주신 동학 이명심 선생님과 이정선 선생님께도 감사드린다. 그 외에도 이 길을 걷는데 감로가 되어주시는 음양의 수많은 은인들과, 항상 든든하게 지켜주는 부모님과 가족

들, 그리고 살뜰한 지인들께 이 지면을 빌려 감사드린다.

끝으로 필자의 행복론 시리즈 출간을 흔쾌히 허락해주신 운주사 김시열 사장님께 진심으로 감사드리며, 아울러 앞으로 발간될 '도가의 행복론'과 '불교의 행복론'에서는 한층 더 알찬 으로 독자들과 만나리라 다짐해 본다.

2010년 9월

법재法齋 김용남金龍南

차례

머리말 __ 5

들어가는 글 __ 13

1. 복과 행복 __ 25

2. 오복과 "아침에 도를 들으면 저녁에 죽어도 좋다" __ 29

3. 나의 도는 하나로써 꿰뚫고 있다 __ 41
   1) 도(道=진리)와 충忠·서恕 __ 42
   2) 인과 효·제弟 __ 47

4. 『대학』의 삼강령 __ 60
   1) 밝은 덕을 밝힌다(明明德) __ 61
   2) 주변사람들과 하나되다=친민親民 __ 72
   3) 진리의 세계에 머물다=지어지선止於至善 __ 84

5. 맹자와 호연지기 __ 91
   1) 잃어버린 마음을 찾아라 __ 94
   2) 사람의 천성은 본래 아름답다 __ 105
   3) 호연지기, 그 넓고 큰 힘을 길러라 __ 109

6. 중용예찬 __ 118
   1) 유교에서 말하는 '나' __ 124
   2) 중中의 의미 __ 132
   3) 중용中庸의 의미 __ 145

7. 행복에 이르는 방법, 그 성리학적 조명 __ 232
   1) 성지誠之 __ 240
   2) 치곡致曲 __ 242
   3) 재계齋戒 __ 243
   4) 정情의 인식 __ 245
   5) '진리'에 머무는 것 __ 247
   6) 타他에 의한 방법 __ 249

마치는 글 __ 254

들어가는 글

　모든 것은 출발이 있고 마침이 있다. 그 과정을 길이라 한다. 길을 잘 가고 못 가고는 목표를 정하고 그것을 향해 가느냐 그렇지 않느냐에 의해서 좌우된다. 목표란 바라보아야 할 꼭짓점이다. 꼭짓점을 바라보고 길을 갈 때만이 기준이 정해진다. 기준이 정해지면 매사에, 그리고 모든 순간에 자신을 점검할 수 있다. 잘 가고 있는지? 아니면 잘못 가고 있는지를 알 수가 있다.
　흔히 부화뇌동附和雷同하는 사람들은 남이 좋다면 자신의 여건은 생각지도 않고 무조건 따라가게 마련이다. 특히 요즈음 대한민국의 어머니들 대다수는 자녀의 일을 가지고 부화뇌동하는 경향이 강하다. 남들이 의사가 좋다고 하면 무조건 자기 자녀도 의사로 만들기 위해 목숨을 걸고, 판사나 검사가 좋다고 하면 자녀가 아무리 음악적 재능이 뛰어나고, 또 그것을 희망해도 아랑곳 없이 판사나 검사로 만들기 위해 최선을 다한다. 그러므로 아무리 자녀를 위하는 일이라고는 하지만 그 자녀의 입장에서는 늘 회의가 뒤따르지 않을 수 없다.

사실, 조선시대에는 의사란 대우받던 직업이 아니었다. 기술자들 역시 마찬가지였다. 그러나 지금은 무척 대우받는 전문직에 속한다. 그러고 보면 세상사는 늘 변하게 마련이다. 한때 아무리 최고의 인기를 구가하는 직업이었다 하더라도 시대의 변화에 따라 사양길로 접어들면 비인기 직업이 될 수밖에 없다. 하물며 요즘처럼 변화가 빠른 시대에 있어서랴. 남이 성공했다고 해서 나도 따라 그 길을 간다고 성공이 보장되는 시대가 결코 아닌 것이다. 그러므로 남을 기준으로 삼는 사람은 제 길을 잘 갈 수가 없다. 게다가 일생을 살면서 남으로 나타나는 사람은 너무나 많고 그들마다 모두 기준이 다르다. 그 많은 사람들의 기준에 의해 이리 흔들리고 저리 흔들리는 사이에 자신의 삶은 표류할 수밖에 없게 된다.

물론 태중에 있는 아이가 자신의 인생목표를 설정할 수는 없다. 엄마에게 전적으로 의지할 수밖에 없는 처지이다. 이것은 자아가 확립될 때까지 계속된다. 평생을 어머니나 아버지에 의지하는 마마보이나 파파걸로 살아간다면 죽을 때까지 인생목표 한 번 설정해 보지 못하고 생을 마감할 수도 있다. 그 사람들은 과연 인생을 잘 살고 갔다고 할 수 있을까? 그리고 과연 그 사람들은 나와 무관한 사람들이어서 어떻게 살다가 가든 아무런 상관이 없는 것일까? 그렇지는 않다. 같은 하늘 아래서 같이 호흡하는 사람들은 서로 무관할 수 없다.

　근대로 접어들면서 서양사상이 세력을 떨치기 시작하였다. 동양인에게 있어서는 전도된 삶이 시작된 시점이라 할 수 있지만 이미 세상에 순수 동양은 없어진 지 오래되었다. 세계화란 물결은 동서양의 구분을 없애기에 충분했기 때문이다. 서양사상의 바탕에는 왜곡된 기독교 사상이 있다. 그것은 하느님이 인간에게 당신이 창조한 모든 것을 정복하고 부리도록-창세기- 하였으므로 인간이 만물의 주인이라는 것이다. 그러한 논리는 주변환경을 파괴할 수 있는 명분을 주기에 충분하였다. 그 때문에 인간의 삶은 오히려 황폐화되었다. 다행히 20세기 말부터 시작된 생태계 중심의 환경윤리는 인간을 둘러싸고 있는 모든 것이 인간과 무관하지 않다는 데 의견을 같이 하고 있다. 그 결과 동물이나 식물, 심지어는 토양이나 바위들조차 서로 어우러져 순환한다고 인식하는 장이 마련된 것이다. 이러할진대 어찌 사람과 사람이 서로 무관할 수 있겠는가? 내가 잘 사는 길은 남들도 잘 살아야 가능해진다고 하는 분명하고도 정확한 인식이 요청되는 시점이라 할 수 있다.

　따라서 필자는 언제부터인가 스스로에게, 또 나와 마주하는 상대방들에게 단도직입적으로 던지는 질문이 하나 생겼다.

"왜 사는가?"

사실, 이 질문은 동서고금을 막론하고 위대한 철인이나 종교인들의 화두가 되어 왔다. 그뿐만 아니라 어지간히 인생을 산 사람이라면 각자 스스로에게 한 번쯤은 이 질문을 던져 보았을 것이다.

아주 드물기는 하지만 조숙한 사람은 어린 나이에 일찍부터 이런 질문을 하게 된다. 그리하여 삶에 대해 종교적·철학적인 깊은 고민에 빠지거나 회의하기도 한다. 그러나 사람들 대부분은 삶이 힘들거나 버겁게 느껴질 때 어느 날 문득 고개를 쳐들고 "왜 사는가?"라고 묻게 된다.

가령, 내 집 마련의 꿈을 지니고 열심히 일하고 꼬박꼬박 저축하면서 살아가는 사람이 있을 것이다. 그 경우 저축에 치이면서 하고 싶은 것이나 먹고 싶고 입고 싶은 것들을 미룰 수밖에 없을 것이다. 이럴 땐 웬만한 유혹이라면 웃어넘길 수 있을 것이다.

그렇지만 정말 소원하던 무엇인가가 눈에 들어오면 그것을 야무지게 뿌리치기란 쉽지 않다. 게다가 마음으로 돕고 싶은 혈육이나 친지, 혹은 친구가 손을 내미는 경우는 더욱 더 그렇다. 이것은 아직 경제 활동을 시작하기 전인 학생일 경우에도 역시 마찬가지이다. 목표는 설정되어 있지만 또래 집단과 어울려 놀고 싶은 유혹, 이성간의 교제에 대한 유혹과 같은 것들은 진실로 물리치기 어렵다.

  어쨌든 삶에 대한 회의는 나름대로 목표를 설정하고 열심히 앞만 보고 달려가다 맞닥뜨리게 된다. 어느 날 문득 스스로 짊어진 짐이 너무나 무거운 나머지 "왜?" 하며 터져 나오게 마련인 것이다. 따라서 필자는 매 학기가 시작되면 어김없이 학생들에게 묻는 질문이 하나 있다.

"여러분들은 공부를 왜 합니까?"

  이 질문에 매번 학생들은 곤혹스러워 한다. 그도 그럴 것이 대학교까지는 대체로 성적에 따라 부모님이나 고등학교 상담교사에 의해 이끌려오기 때문이다. 그러므로 가급적 좋은 학교에 입학하면 모든 것이 잘 풀릴 것이라는 막연한 기대감만 지니고 진학하였을 것이다. 따라서 대학 새내기인 그들에게 있어서의 인생 행로에 대한 구체적인 계획이란 거의 전무하다시피 한 것이 현실이다. 물론 신학대나 의대·한의대 혹은 약대 등 전문적인 대학은 여기서 예외가 될 수도 있다. 그러나 그러한 학생들은 전체에 비해 극히 일부이다. 그러고 보면 학생들이 당황하는 것은 어쩌면 매우 당연한 일이라 할 수 있다.

들어가는 글

그렇다면 다 함께 각자 한 번 생각해 볼 일이다. 과연 학생들은 왜 공부를 하는 것일까? 부모님은 부모님대로 누나는 누나대로 형은 형대로 이모나 고모 또한 그들대로 잠깐 생각해 볼 일이다. 과연 쉽게 답이 나올 수 있는 질문이었을까?

만약 좋은 직장에 들어가고자 공부를 한다고 대답한다면 그것은 흔쾌한 답일까? 또 돈을 많이 벌고자 공부를 한다고 했다면 그 답은 어떤가? 그도 아니면 좋은 짝을 만나기 위해서 공부를 한다고 대답했다면 어떠한가? 그리고 조금 시대에 뒤떨어지기는 하나 부모님을 기쁘게 해 드리려고 공부한다고 대답했다면 또 어떠한가?

아마 1960~70년대를 살아온 사람이라면 상아탑이라 불리던 대학 분위기를 기억할 것이다. 우리 사회 대부분의 부모님들이 못 살고 못 먹던 시절이었다. 그러므로 자녀를 대학에 보낸다는 것은 여간 힘든 일이 아니었다. 그런데도 모든 희생을 감내하면서까지 자녀들에게만큼은 당신들이 하지 못했던 공부를 시키고자 하였다. 게다가 그 당시는 대학의 문까지 좁았으므로 시골에서는 대학생이 한 명 있다는 사실만으로도 한 마을의 경사요 가문의 영광이었던 것이다. 따라서 대학을 졸업한 이후는 문제 삼을 일이 아니었다. 오로지 대학에 입학하였다는 사실만으로도 효도한 셈이었다. 결국 부모님을 기쁘게 하기 위하여 공부를 한다고 하는 말은 대체로 일반적인 호응을 얻을 만한 일이 되는 것이다.

그러나 지금 만약 그런 대답을 하는 학생이 있다고 한다면 그것은 시대착오적이라 하지 않을 수 없다. 아니 어쩌면 이미 물질만능에 익숙해진 세대들이 그렇게 반응한다는 사실에 오히려 신선하다는 느낌마저 들 수도 있다. 고등학생은 물론 초등학생들까지도 벤처 운운하며 창업한다고 나서는 시절이니 말이다.

이처럼 장황한 설명을 하지 않더라도 부모님을 기쁘게 하기 위해서 공부를 한다는 대답은 뭔가 석연치 않은 구석이 있다. 그렇다고 해서 좋은 짝을 만나기 위해서라거나 좋은 회사에 취직하기 위해, 혹은 돈을 많이 벌 수 있는 방법을 배우기 위해 공부를 한다는 대답 또한 무엇인가 허전하기는 마찬가지다.

그렇다면 학생들이 대답에서 놓치고 있는 부분은 무엇일까? 그들이 돈을 많이 벌거나 좋은 짝을 만나는 것, 혹은 좋은 직장에 취업하고자 하는 등의 이유를 알면 의외로 공부하는 목적은 선명해진다. 즉 돈은 왜 벌고 싶은가? 좋은 반려는 왜 만나고 싶은가? 좋은 직장은 왜 필요한가?

그렇다. 지극히 주관적일 수밖에 없겠지만 그 모든 것은 좀 더 나은 삶을 영위하기 위한 필요조건이다. 본질은 '잘 살고 싶은 것'이다. 좀 더 잘 사는 데 좋은 직장이 필요하고, 마음이 잘 맞는 짝이 필요하며, 돈이 필요한 것이다.

그렇다면 '잘 산다고 하는 것'은 어떻게 사는 삶이고, 가장 잘 살았다고 자부하는 경우는 어느 때일까? 그것은 아마 물질적으로나 정신적으로 결핍이 없는 삶이 아닐까? 실제로 학생들에게 잘 살고 싶은 이유가 무엇이냐고 물으면 '원하는 것을 다 가지고, 하고 싶은 것을 다 할 수 있기 때문'이라고 답한다. 그리고 이렇게 되었을 때 우리는 충만하다고 느낀다. 충만은 결핍이 없는 완전한 상태이다. 우리는 이렇게 더 이상 바랄 게 없이 가장 완전한 충만을 느낄 때 무의식중에 "행복하다!"고 말한다.

행복이라고 번역되는 'eudemonia'는 개인의 수호신 'eudemon'에서 유래하였다고 한다. 그러므로 행복하다는 말은 정확히 설명하자면 '수호신에 보호된다'는 뜻이라 할 수 있다. - 어원에서도 알 수 있듯이 eudemonia란 원래 서양의 언어이다. 동양에 서양문화가 유입되면서 그것을 동양의 언어로 바꾸는 과정에서 복福이란 말 앞에 행幸을 붙여 행복이란 단어를 만들어냈다. 행복이란 '완전하고 궁극적이며 지속적이고 행동하는 목적'이라 할 수 있다. 그런 의미에서 고범서는 행복을 '자아실현自我實現'으로 정의하였으며, 이때의 자아는 '변화의 바탕에 있는 변하지 않는 자아', 즉 영원한 자아이다. 따라서 모든 종교의 가르침은 행복으로의 초대라 할 수 있다. - 보호를 받는다는 것은 안락함이 담보된다는 말이다. 안락하다는 것은 어떤 것으로부터도 자유로울 수 있는 상태란 말이다. 자유롭다는 것은 아무런 갈등이 없는 상태, 즉 평화를 의미한다. 평화로운 상태는 평등을 담보할 때 가능해진다. 평등은 '나'와 '너'로 나뉘지 않을 때 비로소 가능해진다. 나와 너로 나뉘지 않은 상태란 하나된 '무엇'의 세계이다. '무엇'이라고 칭한 까닭은 무어라 그것을 칭하기가 쉽지 않기 때문이다. 아니, 오히려 언어가 끊어진 자리라고 할 수 있다. 언어가 끊어진 자리는 언어로써 설명할 수 없다는 말이다. 그러나 우리는 방편상 언어에 의탁하여 설명할 수밖에 없다. 언어라는 것은 나와 너로 만날 수밖에 없는 우리가 상대적인 세계에서 서로 소통하기 위해 만들어진 기호이기 때문이다. 그러므로 '무엇'이라고 부르는 이름은 여럿일 수밖에 없다. 인도 힌두의 경전 『리그베다』에서 "오직 하나뿐인 이(진리), 현자들이 그를 여러 이름으로 부른다"-"진리는 하나이며, 현자들은 이를 여러 가지로 부른다"라고도 번역함-고 하는 이유도 거기에 있다.

불교에서는 부처님께로 가는 문, 즉 유일한 '님'에게로 가는 문을 '불이不二'의 세계로 들어간다고 해서 '불이문不二門'이라고 하였다. 불이문을 들어가면 여러 전각이 있다. 그곳에는 모두 '진리', 즉 '무엇'을 가리키는 존재를 모셔놓았다. 이름하여 '극락', '관음', '명부', '비로자나', '대웅', '안양', '대적광', '무량수' 등이다. 뿐만 아니다. 또 부처 이름은 10대 명호(名號=이름)인 '여래如來', '응공應供', '정변지正遍知', '명행족明行足', '선서善逝', '세간해世間解', '무상사無上士', '조어장부調御丈夫', '천인사天人師', '불세존佛世尊'을 포함하여 '적정', '열반', '해탈'로 부르기도 한다. 이처럼 이름이 많다는 것은 결국 진짜 이름을 알지 못한다는 뜻이다. 진짜 이름을 알 수 없으므로 '무無'라고도 하지만 그 '무'란 말이 존재론적인 무는 아니다. 따라서 불교에서는 부처님 명호를 몇 억 겁을 두고 헤아려도 다 헤아릴 수 없다고 하는 것이다. 그만큼 많은 이름을 붙여 부를 수 있는 이유는 알 수 없는 그 '무엇'의 공덕이 헤아릴 수 없기 때문이다. 마치 어머니를 '가장 그리운 이', '가장 편안한 이', '내 마음의 고향', '나의 사랑', '안식처', '자유를 주는 이', '절대적인 사랑을 주는 이', '내 힘의 원천' 등등 어떤 이름으로 불러도 좋은 것은 어머니라는 존재가 그렇기 때문이다. 또 세상의 어머니들은 대체로 모든 자녀에게 차별 없이 사랑을 준다. 하지만 그 사랑을 느끼는 것은 자녀마다 차이가 있고, 보은하고자 하는 마음을 내는 정도도 각기 다르다. 그뿐만 아니라 심지어 어머니를 잊고 살아가는 자녀들 또한 많다. 그러나 언제든지 어머니라는 그 이름 앞에서는 어느 누구라 할 것 없이 편안해질 수 있는 것이 자식이란 이름의 사람들이다.

   진리도 그와 마찬가지다. 잊고 살기도 하지만 그 자리로 돌아갔을 때 비로소 우리는 진정 '행복'이라고 하는 정점에 앉았다고 할 수 있다. 그러므로 불교에서 말하는 행복은 모든 욕망과 번뇌를 다 내려놓았다는 의미의 '해탈', 혹은 투쟁과 갈등으로 얼룩진 이 세상으로부터 조화와 균형의 저 세상으로 건너간다는 '피안', 모든 고통은 사라지고 오직 즐거움만이 넘친다고 하는 '극락' 등을 의미한다. 그러한 경지에 이르러야 비로소 진리를 성취할 수 있게 된다.

기독교에서 말하는 행복도 다르지 않다. 하느님 –개신교에서는 하나밖에 없는 유일신이라 하여 하나님이라 한다– 의 품에 안겨야 비로소 행복을 만끽하게 되는 것이다. 그 하느님의 이름 역시 창세기에선 '말씀'이면서 동시에 '빛'이다. 신약에서는 '길', '진리', '사랑' 등으로 불린다.

그렇다. 기독교를 말하든 불교를 말하든 사이비가 아닌 참 종교라면 어떤 특정인들만 행복으로 인도하는 가르침일 수 없다. 인류 모두를, 심지어 산천초목까지도 다 행복하게 소통시키는 가르침이어야 한다.

결론적으로 우리가 이 세상을 살아가는 이유는 행복하기 위해서이다. 공부하는 목적 역시 잘먹고 잘살기 위해서, 즉 행복하기 위해서이다. 이러한 맥락에서 "유교의 행복론", 다시 말해 행복이라고 하는 진리의 세계로 우리를 인도하는 유교의 내용 안으로 들어가 보기로 한다.

유교에는 행복이란 단어는 존재하지 않지만 복福은 『시경』이나 『서경』을 비롯한 여러 경전에 나타나 있다. 특히 『시경』의 가사 가운데는 유독 복福과 수壽를 찬탄하는 내용이 많다. 수는 말 그대로 목숨, 즉 수명을 의미하며, 수를 찬탄했다는 것은 장수를 찬탄했다는 뜻이다. 복福은 행복과 함께 우리의 일상생활에서 흔히 사용되는 말이다. 특히 연말연시가 되면 "새해 복 많이 받으세요" 하면서 덕담으로 건네기도 한다. 또 "그 사람 복 받았네"라든가, "복이 많은 얼굴이야", "그 아이 복스럽게도 먹네", "하는 짓을 보니 복 많이 받게 생겼네" 등의 말처럼 복은 일상생활에서 두루 쓰인다. 그렇다고 해서 사람들이 복이란 말에 대해 정확한 의미를 부여하고 사용하는 것은 아니다. 단지 뭔가 축복이 있을 것 같고, 그로 인해서 윤택한 삶을 살 것 같은 정도로 이해하는 듯하다. 실제로 복이란 말은 글자에서 보여지는 것처럼 뭔가가 내리는 모습을 담고 있다. 좀 더 구체적으로 살펴보기로 한다.

1. 복과 행복

『설문說文』에서 복福은 비(備, 갖추어짐)라 했으며, 『예기』「제통祭統」편에서는 "어진 사람이 제사를 지내면 반드시 그 보답으로 복을 받는다. 그것은 세상에서 말하고 있는 복이 아니다. 어진 사람이 받는 복이란 것은 만사가 갖추어져서 순조로운 상태를 말하는 것이며, 순조롭지 않은 바가 없는 상태를 말하는 것이다.〔賢者之祭也 必受其福 非世所謂福也 福者備也 備者 百順之名也 無所不順者謂之備〕"고 하였다. 이것을 근거로 풀어보면 복이란 '부족함이 없이 모든 것이 언제나 충족된 상태', 혹은 '만사가 순조롭게 진행되는 상태' 등으로 정의할 수 있다. 이러한 의미에서 보면, 유교경전에서 말하는 복은 서양의 행복과 같은 의미를 내포하고 있다고 할 수 있다.

그런데 이미 언급했다시피 복이란 자신의 노력과 관계는 있지만 궁극적으로는 하늘이나 조상이 내려주는 것이라고 한다. 글자를 나누어 보면 볼 시示는 제사에서 제단에 희생물을 올렸을 때 피가 흐르는 모양으로 볼 수 있다. 『예기』「제통」에서 말하는 제사를 지낸다고 하는 의미가 바로 그 의미라 할 수 있다. 또 다른 시각으로 바라보면 위에서 무엇인가가 내려오는 느낌, 다시 말해서 하늘에서 무엇인가 내리는 듯한 모습으로 읽을 수도 있다. 그리고 옆에 붙어 있는 모양은 마치 쌀가마니를 쌓아놓은 듯한 모습이다. 즉 무엇인가를 통해 집안에 쌀가마니가 쌓인다면 이것은 분명 축복이다. 보답을 받는 것이다. 이에 대한 구체적인 전거는 다음 글에 잘 나타나 있다.

그대들의 조상을 생각지 않겠는가! 그 덕德을 잘 닦아 키워가기를, 길이길이 하늘의 명命에 합함이 스스로 많은 복을 구하는 길이니라.
〔『詩經』,「大雅」, 文王篇: 無念爾祖 聿脩厥德 永言配命 自求多福〕

하늘은 인간을 사랑하고 인간에게 이익을 준 사람에게는 반드시 복으로 갚아주고, 인간을 미워하고 해롭게 한 사람에게는 반드시 재앙을 내려준다.
〔『墨子』,「閒詁法義」, 第四 卷一: 愛人利人者 天必福之 惡人賊天者

天必禍之]

 그런데 하늘이 내려주는 축복은 두 가지 형태로 나타난다고 할 수 있다. 그 하나는 말 그대로 창고에 쌀이 가득하게 쌓이는 것이다. 물론 화폐가 발달하지 않았던 시대에는 곳간에 쌓아둔 쌀이 곧 부富의 척도였다. 하지만 오늘날에는 화폐라든지 주식, 혹은 채권의 형태를 비롯해 다양한 모습으로 축재를 한다. 이것은 눈에 보이는 복이다. 반면 큰 부를 지니고 있으나 육안으로는 볼 수 없는 청복淸福이 있다. 말 그대로 깨끗한 복인데, 세인들이 보기에는 가진 것 없고 누리는 것 없는 삶을 영위하므로 가난한 사람이라 여길 수 있다. 세속적인 부는 말 그대로 이 세상에 사는 동안 소유할 수 있어서 물질적인 혜택을 누릴 수 있지만, 청복은 그렇지가 못하다. 심지어 삶 자체가 목숨을 담보하는 고행의 길이 될 수도 있다. 그러나 죽었을 경우는 얘기가 달라진다. 물질적인 부는 가져가려고 해도 가져갈 방법이 없다. 아무리 작게 만들어도 물질을 벗어날 수 없다. 그러므로 이 세상의 물질을 지고 저 세상으로 옮겨갈 방법은 없다. 반면 청복은 이 세상에 두고 떠나려 해도 남길 수 없다. 그것이 바로 덕德이란 이름의 복이기 때문이다. 덕을 키우는 자는 내면이 자유롭고 물질을 키우는 자는 몸이 자유롭다. 덕을 키워서 물질을 아우르는 사람은 홍복洪福이 있는 사람이라 할 수 있다. 하지만 덕이 없는 부는 겉만 번들거릴 뿐 내면은 곪아 악취를 풍기는 법이니, 내면의 자유는 말할 수조차 없다. 적어도 여기까지 생각이 미친다면 어찌 삶을 두려워하고 아끼지 않을 수 있겠는가. 간혹 수행자들 사이에 "죽을 때 보자"—이 말은 "죽음에 이르러서도 지금 당신이 살 듯이 그렇게 여유를 부릴 수 있는가?" 혹은 "당신이 지금 누리는 것 어느 하나라도 죽어서 가져갈 수 있을 것이라 믿어 그리 큰소리를 치느냐?"고 하는 의미를 담고 있다. 즉 수행에 일생을 건 이들이 바라보는 삶은 찰나에 불과한 것임에 틀림없다. 그런데 너 나 할 것 없이 모두 무지하게 살고 있으니, 그들의 입장에서 본다면 답답하기 짝이 없을 것이다— 는 말을 하는 이들도 있는데, 그들은 삶의 진정한 의미를 깨달았기 때문일 것이다.

어찌되었든 복은 '내리는 것'이니 외부에서 '주어지는 것'임에 틀림없다. 그렇다고 홀연히 오는 것이 아니라 자신에게서부터 비롯되는 것이다. 그리고 복이 있다는 것은 부족함 없이 충만한 상태일 뿐 아니라 만사가 순조롭게 형통한다는 뜻이다. 『서경』「홍범」에서는 복의 내용을 다섯 가지가 충족되는 것으로 보았는데, 수壽·부富·강녕康寧·유호덕攸好德·고종명考終命이 그것이다. 즉 유학에서는 현생을 살면서 이 다섯 가지가 충족되는 것이 진정한 행복의 전제 조건이라고 보는 말이다. 그렇다면 무엇에 근거하여 이 다섯 가지가 거론된 것일까? 다음 장에서 고찰해 보면 유학의 행복론은 저절로 답을 얻게 될 것이다.

2. 오복과 "아침에 도를 들으면 저녁에 죽어도 좋다"

세상에는 중요한 것들이 너무나 많다. 사랑을 위해 죽음도 불사하는 사람에게 있어서는 사랑보다 중요한 것은 없다. 모든 것을 희생하고서라도 권력을 지향하는 사람들에게는 권력보다 중요한 것은 없다. 황금만능주의자에게 있어서는 돈이 가장 중요할 것이다. 그러나 황금 보기를 돌같이 여기는 사람에게는 가장 중요한 것이 신념일 것이다. 목숨을 담보로 히말라야를 오르는 사람이나 선교사, 혹은 포교사가 그렇고 뼈를 깎는 고행도 불사하는 수행자가 그렇다.

사실 현실 속에서 가장 바람직한 삶의 구현이라고 하는 종교의 가르침에 있어서 가장 중요한 단어는 단연 '삶'이라 할 수 있다. 삶 자체를 고苦로 규정하든, 하느님으로부터 멀어져버린 상태로 규정하든 불완전한 삶이라는 것만은 확실하다. 그렇게 불완전한 삶을 완전한 삶으로 전환시키는 매개 역할이 바로 종교의 기능이라 할 수 있다. 그런데 공자는 진리를 얻었으면 삶을 버려도 좋다고 한 것이다. 그러므로 이 말이 의미하는 바가 무엇인가를 생각해 볼 필요가 있다. 오복五福의 설정은 결코 그 말과 무관하지 않을 것이기 때문이다.

공자가 『논어』에서 "아침에 도를 들으면 저녁에 죽어도 좋다〔朝聞道 夕死 可矣〕"고 한 것은 바꾸어 말하면 진리를 깨쳤다면 죽어도 괜찮다는 말이다. 이 말은 유교가 지향하는 삶의 목표, 즉 지상과제는 진리를 깨치는 데 있다는 뜻으로 해석해도 무방하다.

그런데 아이러니하게도 오복의 첫 번째는 수壽, 즉 오래 살라고 주문하고 있다는 사실이다. 생각해 보라. '죽어도 좋다'고 하는, 즉 목숨보다 앞서는 것이 '진리'라 하고는 한편으로 오래 살아야 복된 삶이라 하였다. 그렇다면 필경 장수와 진리가 상관관계가 있다는 말이 된다. 과연 그 둘을 어떻게 관련지을 수 있을 것인가? 사실 진리의 구현은 하루아침에 가능할 수 있는 것이 아니다. ─유교의 진리를 구현하는 방법은 인仁의 회복이라고도 할 수 있다. 그런데 맹자는 인仁, 즉 사랑의 회복은 하루아침에 가능한 것이 아니라 하였다.(『맹자』, 「고자상」: 今之爲仁者猶以一杯水 救一車薪之火也, 지금 인을 행하는 자들은 한 잔의 물로 한 수레에 가득 실은 섶의 불을 끄는 것과 같다)─ 그러므로 진리의 구현을 위해서는 일단 오래 살고 볼 일이다. 아주 특별하게 철학적 천재 내지 종교적 영재靈才는 한 순간 홀연히 깨달음을 얻기도 한다. 그러나 대개는 '사람의 몸을 받기가 어렵다'고 하는 불교의 가르침처럼 단명이나 요절하는 사람에 비해 장수하는 사람에게 기회가 많이 오는 법이다.

다섯 가지 복 가운데 수壽 다음은 부유함[富]이다. 여기에서 부유함이란 흔히 생각하는 것처럼 대 재벌 수준을 말하는 것은 아닐 것이다. 곳간에 양식이 넉넉하면 족한 수준을 말한 것이라 본다. 옛말에 '곳간에서 인심 난다'고 하는 것처럼 한 끼니 한 끼니 연명조차 힘든 상황이라면 마음이 어찌 진리에까지 미칠 수 있겠는가. 또 천성이 삶보다 진리에 무게중심을 두는 사람이 아니고서는 의식주가 해결되어야 공부에도 진전이 있을 수 있다.

세 번째는 강녕康寧이다. 건강하고 편안한 것이다. 아무리 장수하고 또 경제적인 풍요가 있다고 해도 심신이 건강하지 못하면 의미가 없다. 육체가 건강한 것이 강康이라면 마음이 건강한 것은 녕寧일 것이다. 육체적인 건강은 외면이요 마음의 건강은 내면이다. 단순히 육체적인 건강만을 말한다면 식물인간일지라도 그러한 상태라고 할 수 있을 것이다. 직접 체험한 것은 아니지만 과학적 근거에 의하면 뇌사상태를 식물인간이라 한다. 뇌사상태에서 무슨 깨달음을 얻을 수 있겠는가. 마음이 건강하지 못한 예로는 정신질환을 들 수 있다. 심한 우울증이나 신경증, 혹은 정신분열증과 같은 질환을 앓는 사람이 무슨 여력이 있어 깨달음을 추구할 수 있을 것인가. 물론 여기서 육체적인 질병이란 일시적인 질환을 의미하는 것이 아니다. 또 팔다리가 잘려나갔다든지, 소아마비를 포함한 장애인은 육체적인 불구가 그 사람의 마음을 구속하지 않을 수 있다. 반면에 사지육신이 멀쩡해도 생각이 복잡하고 많아서 잠시도 제 자리에 있지 못한다면 역시 편안한 상태라 할 수 없다. 한 마디로 말해서 어떠한 주제에 대하여 주목할 수 있는 상태여야 한다는 것이다. 따라서 오복 가운데 강녕은 필요조건이 된다 할 수 있다.

네 번째는 유호덕攸好德, 즉 '덕을 좋아함'이다. 사람이 장수하는 복을 타고난 데다가 경제적으로도 넉넉하고 심신 또한 강건하다고 해도 덕德을 좋아하는 마음이 없으면 모두 허사가 되고 만다. 덕이란 무엇인가? 간단히 표현하면 도道가 마음에 들어온 것이 덕이다. ―이에 대해서는 뒤에서 상세하게 다룰 것이다.― 그러므로 덕을 좋아한다는 것은 진리를 기뻐하는 마음이다. 진리란 이미 살펴본 대로 말 자체에 의미가 있는 것이 아니다. 완전함을 일컫는 말이다. 그 완전을 유교에서는 하늘〔天〕이라고 부르기도 하고 기독교에서는 인격적 칭호를 써서 하느님 혹은 하나님이라고도 한다. 불교에서도 역시 인격적 칭호인 부처님이라 하고 힌두교에서는 브라흐만이라 한다. 또 그 완전한 진리가 사람에게 들어오면 성性 내지는 인仁, 덕德이라 칭하기도 한다. 아무튼 진리를 상징하는 언어는 완전, 공空, 해탈, 열반, 안락, 충만, 평화, 자유, 평등, 자연, 무無, 현玄, 묘妙, 혼돈混沌의 의미를 다 포괄한다. 뿐만 아니라 길〔道〕, 사랑, 빛, 생명으로도 표현된다. 심지어 성서 창세기에서는 말씀으로 진리를 표현하기도 한다. 그러할진대 세상에 진리를 기뻐하지 않는 사람도 있을까 생각할 수도 있다. 혹자는 이렇게도 말할 것이다.

"세상에 행복을 싫어하는 사람도 있나?"

그러나 의외로 행복을 싫어하는 사람이 많다. 그것도 대다수가 말로는 행복을 원한다고 하면서 실제로는 불행을 자초하면서 살아가는 게 현실이다. 거듭 말하지만 행복의 다른 이름은 완전, 평등, 사랑, 환희이다. 그렇다면 정녕 우리는 완전을 향해 나아가고 있는가를 한번 생각해 봐야 한다. 완전을 향하는 사람이 술에 만취해서 길거리를 헤매는 것이 말이 되는가? 평등을 추구하는 사람이 남의 불행을 기뻐할 수 있는가? 평화를 희구하는 사람이 전쟁을 일으키고 무고한 생명을 죽일 수 있는가? 아니, 이와 같이 거창할 것도 없이 자신의 몸을 한번 생각해 보자. 몸에 해롭다고 아무리 부르짖어도 한켠에서는 비웃기라도 하는 듯이 유해한 것을 먹고 마시며 피운다. 아무리 과학적인 잣대를 들이대며 남을 사랑하고 감사할 줄 알아야 내 몸에 엔도르핀을 포함한 만병통치약이 분비된다고 외쳐도 분노와 시기, 질투를 멈추지 못한다. 비

2. 오복과 "아침에 도를 들으면…"

움의 미학을 아무리 강조해도 '텅 빈 충만'은 나와 별개가 되어 귓가를 스칠 뿐이다. 이런데도 진리를 기뻐하지 않는 사람은 없다고 할 것인가?

사실 우리의 무의식은 진리를 기뻐한다. 행복을 바라고 사랑이 고프다. 그래서 완전해지기를 바라고 사랑 받기를 원한다. 의식이 원하든 원치 않든 별개이다. 저절로 그렇게 희구해마지 않는 것이다. 그러므로 자연自然이라 하는 것이다. 다만 표층의식이 그것을 가릴 뿐이다. 가리워졌으므로 인식을 못한다. 인식을 못하므로 전혀 엉뚱한 생각과 행동을 하게 된다.

실제로 학생들을 가르치다 보면 진리에 목말라 하는 잠재력을 지니고 있는 학생도 있고, 도무지 진리에 대해서는 관심조차 갖지 않는 학생도 있다. 전자는 진리와 무관한 삶을 살아왔으나 우연히 진리를 접하는 ㅡ사실 진리는 한 번도 우리와 떨어져 있었던 적이 없다. 다만 의식하지 못하고 살 뿐이다.(『중용』: 子曰 道不遠人 人之爲道而遠人 不可以爲道; 공자가 말하기를, "도는 사람에게서 멀리 있는 것이 아니다. 사람이 도를 행한다고 하면서 사람에게서 멀어진다면 도를 행한다고 할 수 없다"고 하였다) ㅡ 순간 마치 헤어진 자식이 부모를 다시 만난 듯이 감동하게 된다.

청화 스님의 말처럼 우리 모두는 진리의 세계에서 이탈하여 살아가는 실향민이라 할 수 있다. 우리가 무엇인가를 간절히 원한다는 것은 그것이 있음을 알기 때문이다. 그리고 그것만이 안식처이기 때문에 간절한 것이다. 마치 우리가 무엇을 모른다고 하는 것은 그것을 이미 알기 때문에 자신이 모른다는 사실을 아는 것과 같다. 행복이 그렇고 사랑이 그렇고 자유가 그렇고 평화가 그렇다. 안락이 그것이다. 사랑을 원하는 건 사랑 받고 싶어서만은 아니다. 사랑 받고 싶다는 건 사랑하고 싶은 것이기도 하다. 사랑 자체가 우주의 본성이므로 어쩌면 사랑받지 못하는 것보다 더 큰 형벌은 사랑할 대상이 없는 것일 수도 있다.

  자식이 없으면 강아지라도 키우려는 사람들이 많고 그것도 여의치 않으면 화초라도 키우려고 하는 것이 사람의 본성이다. 그들은 모두 자신의 본성이 시키는 대로 사명을 다함으로써 우주의 사업에 동참하고 있는 것이다. 우주는 만물을 키우면서 동시에 한편에서는 죽이는 작업을 쉬지 않고 행한다. 우주가 만물을 낳아 키우고 있었다는 사실, 그리고 그 내가 누군가, 무엇인가를 사랑하는 힘은 누구도 막을 수 없는 거대한 힘이라는 사실, 그것이 내 안에서 나오는 저력이라는 사실을 느끼는 일 또한 엄청난 축복이다. 사업이 나에게도 예외가 아니었다는 사실을 알게 되는 일은 분명 큰 축복이다. 또 이 두 가지는 모두 우주의 사랑이다. 본래부터 우주가 내게 심어 놓은 씨앗의 작용이다. 이와 같이 위대한, 그 무엇으로도 형용할 수 없는 우주의 사랑을 느끼면 알게 되고, 알면 감응하게 된다. 그 순간 우리는 '나'를 넘어 우주를 사랑하게 된다. 그런데 받는 것과 주는 것, 아는 것과 느끼는 것, 이 둘의 본질은 하나이다.

2. 오복과 "아침에 도를 들으면…"

따라서 진리에 대한 욕구가 강한 자는 '진리'를 이야기하는 사람을 만나면 문득 그리움이 사무칠 수밖에 없는 것이다. 반면 현실적이면서 본질세계와 더 많이 단절된 유전정보 ―후천적인 것이므로 본질은 아니다― 를 지닌 사람들도 많다. 그들은 진리와 무관하게 살아간다. 당연히 진리를 전하는 고향소식은 남의 이야기일 수밖에 없다. 관심이 없으니 감동이 있을 리도 없다. 오히려 지금 현실 속에서 맛보고 있는 꿀맛이 더 달다고 여기므로 그것을 누리는 데 더 집착하면서 살아갈 뿐이다. 이러한 현상은 일반 대중들이라 해서 별반 다르지 않을 것이다. 따라서 덕, 즉 진리를 기뻐한다는 것은 오복 가운데 하나가 될 수 있다.

마지막으로 '고종명考終命'이다. 살필 고考, 마칠 종終, 목숨 명命이다. 해석하는 사람에 따라 차이가 있다. 첫째, '바른 명을 받는 것'으로 해석하는 사람은 그 의미를 '천수를 다 누리고 인연에 수순隨順하여 마치는 것'으로 이해한 것이다. 둘째, '목숨을 살펴서 마치는 것'으로 해석하는 사람은 임종에 이르러 가속과 친지를 불러모아 유언을 남기고 생을 마감하는 것으로 이해한 것이라 할 수 있다. 물론 제 명대로 수를 다 누리고 가는 사람은 필경 복이 있는 사람이다. 그러나 그냥 천수天壽를 누렸다고 하여 그것이 진리와 무슨 상관있다고 다섯 가지 복의 끝에다 두었겠는가. 따라서 필자는 후자를 좇아 의미를 풀어보기로 한다.

목숨을 살펴서 마친다는 의미는 달리 해석하면 임종을 맞이하여 두루두루 살핀다는 뜻이 된다. 무엇을 두루두루 살피겠는가. 평생을 살아온 자신의 삶을 두루두루 살피는 것이다. 먼저 가족과 친지들을 불러모아 집안일의 대소사를 의논한다. 종갓집에서는 제사에 관련된 문제에서부터 반드시 살펴야만 할 일들에 대해 종손을 포함한 웃어른께 당부를 잊지 않는다. 부인과 자녀와 손자들을 불러모아 자신이 가고 난 후의 일들을 일일이 당부하고 앞날에 대한 계책 역시 다시 한 번 상기시키는 일도 빠트릴 수 없는 부분이 될 것이다. 그리고 혹시 가족 가운데 부모님이 생존하셨다면 부모보다 앞서는 불효에 대해 용서를 빌어야 할 것이다. 부모와 자식의 관계는 마치 풀뿌리와 줄기의 관계에 해당한다고 할 수 있다. 그러므로 뿌리가 아직 강건한데 줄기가 먼저 사라지면 뿌리 역시 강건할 수가 없게 된다. 그것은 물으나마나 큰 불효에 해당하는 것이다. 부모봉양 잘 못하는 것 이상의 불효가 된다. 그래서 옛말에도 이르기를 '부모는 자식을 가슴에 묻는다'고 한 것이다. 이 밖에도 많은 당부할 일들과 정리할 일들이 있을 수 있다. 그러나 그 가운데 가장 중요한 일은 역시 가업의 승계이다.

  앞에서 살펴 본 것처럼 이 세상을 사는 데 있어서 가장 큰 일은 진리를 얻는 일이다. 진리를 얻는다는 것은 행복한 삶을 영위하는 일이다. 행복한 삶을 영위하는 것은 삶의 완성이고, 삶의 완성은 자아의 실현으로 이어진다. 자아의 실현은 거짓되고 일시적인 삶으로부터 영원하고 진실한 삶으로 옮겨가는 데 있다. 그러나

2. 오복과 "아침에 도를 들으면…"

대체로 대다수의 사람들은 그 완성을 보지 못하고 이 세상을 떠날 수밖에 없다. 비록 본인은 이 세상을 하직하지만 자신의 분신이라고 하는 후손이 남겨지는 것이니 영영 사라지는 것은 아니다. 그 분신이 남아서 자신이 못 다 이룬 가업을 이어가야 하는 것이다. 즉 진리의 완성을 말한다. 따라서 공자는 가장 큰 불효를 무후無後라 하였던 것이다. 자녀를 두지 않았을 경우에는 선대로부터 이어 온 가업인 '진리의 실현'의 꿈이 사라지는 결과를 초래한다. 그러니 얼마나 큰 불효가 될 것인가. 단순히 제사지내고 재산을 증식하고 남은 가족을 봉양하는 일 때문에 후손이 중요한 것이 아니다. 그렇다면 어찌하여 공자가 '아침에 진리를 얻었으면 저녁에 죽어도 좋다'고 그리 단언을 했을 것인가.

정리를 해 보면, 유교의 종지는 "아침에 진리를 깨달았으면 저녁에 죽어도 좋다"고 하는 공자의 말처럼 진리의 실현을 일생의 목표로 한다고 볼 수 있다. 그러므로 오복이란 그것에 부합하기 위한 순차적인 조건에 해당한다고 볼 수 있다.

여기서 한 가지 참고로 위 내용의 이해를 돕기 위해 짚고 넘어갈 부분이 있다. 유교에서는 깨달음에 뜻을 두고 공부 —학문과 수양을 말함— 해 나가는 사람을 군자(君子; 유교경전에서 군자는 처음 입문하는 사람에서부터 공부가 완성된 사람에 이르기까지 다양하게 쓰이고 있다.)라 한다. 그런데 공자를 계승한 맹자는 군자에게 세 가지의 즐거움이 있다고 하였다. 첫째는 "부모가 모두 생존해 계시며 형제가 무고한 것〔父母俱存 兄弟無故 一樂也〕"이고, 둘째는 "(위로는) 하늘을 우러러 한 점 부끄럼이 없고 (아래로는) 사람들에게 부끄럽지 않은 것〔仰不愧於天 俯不怍於人 二樂也〕"이며, 셋째는 "천하의 영재를 얻어 그를 가르치는 것〔得天下英才而敎育之 三樂也〕"이다. 군자의 세 가지 즐거움이라고 하는 이 셋은 엄연한 순서를 가지고 정리되어 있다. 그 첫 번째에 해당하는 '부모가 생존해 계시며 형제가 무고하다'고 하는 내용은 군자가 가는 길 가운데 뿌리에 해당된다. 같은 맥락에서 형제는 내 주변 가지에 해당한다고 할 수 있다. 비록 이 둘이 물리적으로 이해할 때의 내 몸은 아니지만 내 몸이 지탱할 근거지가 된다. 즉, 나를 둘러싼 환경이라 할 수 있다. 그러므로 군자의 부모가 생존해 계시고 형제에게 아무런 고통이나 결핍이 없다는 것만큼 정서적으로 안정을 줄 수 있는 요인은 없다. 두 번째에 해당하는 "(위로는) 하늘을 우러러 한 점 부끄럼이 없고 (아래로는) 사람들에게 부끄럽지 않다"는 것은 학문하는 당사자인 군자 자신에 관한 일이다. 그런데 군자가 위로는 하늘에 부끄럽지 않고, 아래로는 사람들에게 부끄럽지 않다고 하는 말은 무엇을 의미하는가. 하늘에 부끄럽지 않다고 하는 것은 하늘의 섭리를 어기지 않고 살아간다는 뜻이므로 우주의 질서를 어기지 않는다는 말이다. 사람들에게 부끄럽지 않다고 하는 것은 인간세상의 질서를 어기지 않고 살아간다는 말이다.

이 단계에 들어 선 군자라면 이미 상하의 질서에 통했다는 말이다. 다시 말해서 자신의 학문을 완성했다는 말이다. 식물로 비유하자면 자신의 몫, 즉 이 세상에 살면서 자신의 의무인 화려한 꽃을 피워냈다는 말이다. 그리고 마지막의 "천하의 영재를 얻어 그를 가르치는 것"은 이미 완성된 자신의 덕으로써 세상에 교화를 한다는 의미가 된다. 식물로 비유하자면 한 줄기의 나무가 꽃을 피운 후 씨앗이 되어 두루 널리 퍼지는 모양이라 할 수 있다. 만약 진리의 실현에 뜻을 둔 군자가 개인의 완성에서 끝난다면 군자라 할 수 없다. 진리는 끝이 없는 것, 즉 영원한 것이고, 둘이 아닌 하나이며, 지엽이 아닌 전체이고, 국한된 것이 아니라 소통하는 것이기 때문이다. 진리, 즉 도는 하나이면서 동시에 전체이므로 그 하나가 전체를 관통하는 것이다. 그러므로 공자는 "나의 도(道=진리)는 하나로써 꿰뚫고 있다〔吾道一以貫之〕"고 한 것이다. ─관통이라고 했지만 말이 그렇다는 뜻이지 관통할 그 무엇이 따로 존재하는 것은 아니다. 상대세계에서 보면 여럿이지만 절대세계인 진리의 세계에서는 하나일 뿐이다. 절대라 했으므로 '나'와 '너'가 없고, 시간과 공간이 따로 존재하지 않는다. 따라서 시간과 공간을 전제로 통한다고 하는 말 자체가 모순이 되는 것이다.─

3. 나의 도는 하나로써 꿰뚫고 있다

사실 위 말은 공자가 제자인 증자에게 한 말이다. 이 말을 들은 증자는 곧바로 "예!"라고 대답했지만, 다른 제자들은 무슨 말인지 미처 알아듣지 못했다. 따라서 이 말을 마친 공자가 문 밖으로 나가자 즉시 증자에게 무슨 의미의 말씀이었는지를 다른 제자들이 묻게 된다. 이때 증자의 대답은 "선생님의 도道는 충忠과 서恕일 뿐이다〔夫子之道 忠恕而已矣〕"라는 것이었다.

그렇다면 도, 즉 진리를 말한 공자의 말에 어찌하여 증자는 충·서 두 가지로 말을 바꾸었을까? 그 둘의 상관관계를 알아보기 위해서는 충·서에 대해 구체적으로 살펴볼 필요가 있다.

1) 도(道, 진리)와 충忠 · 서恕

주자에 따르면 '충忠'은 중中과 심心의 합체어[中心爲忠]로써 속마음 또는 그 '속마음'을 다하는 것을 말한다. 속마음이란 가슴속의 마음이다. 사실 마음이 어찌 가슴속 마음이 있고 가슴 밖 마음이 따로 존재하겠는가. 그러나 사람에게는 양심이라 불리는 본질적인 마음이 있는가 하면 이기심에서 비롯되는 사심私心이 분명 존재한다. 그러므로 유교에서는 하늘이 부여한 순수 본연의 마음을 본성이라 하고, 모든 후천적인 요인에 의해 본성이 왜곡되거나 굴절된 마음을 사심私心이라 하였다. 따라서 주자도 충忠을 해석함에 있어 '자기를 다하는 것을 충이라 한다[盡己之謂忠]'고 해석한 것이다. 여기서 자기를 다한다는 것은 성의를 다한다는 말이다. 성의를 다한다는 말은 마음이 한결같아서 추호의 사사로움도 개입되지 아니함을 이른다. 추호의 사사로운 마음이 개입되지 않는다는 말은 진실을 온전하게 드러낸다는 말이다. 진실을 드러낸다는 말은 곧 내면에 깊숙이 존재하는 진리의 마음을 표출한다는 말이 된다. 그것이 곧 충忠이 되는 것이다.

그렇다면 서恕는 무엇인가? 역시 주자에 따르면 '서恕'는 여如와 심心의 합체어[如心爲恕]로써 '마음을 같이하는 것' 또는 '자기 마음을 미루는 것'을 말한다[推己之謂恕]. 마음을 같이한다는 것은 내 마음과 상대의 마음을 하나로 한다는 뜻이다. 어떻게 하나가 될 것인가? 개별적인 '나'와 역시 개별적인 '너'가 있는 한은 둘이지 하나일 수 없다. 마치 백두산 천지와 한라산 백록담이 둘이어서 하나일 수 없는 이치와 같다. 비록 그러하나 천지가 나오는 근원은 지하수이다. 백록담 또한 지하수에서 비롯된다. 그러므로 둘에서 하나로 만날 수 있는 길은 천지와 백록담이란 이름을 버리고 지하수란 이름으로 돌아가면 된다. 지하수로 돌아가게 되면 지하수란 이름도 버려야 한다. 그 물이 지하에 있든 하늘의 구름으로 존재하든 무엇이 문제인가? 물이라고 하는 근원에서 보면 하나일 수밖에 없는 것과 같은 이치이다.

그와 마찬가지로 사람과 사람의 마음이 하나가 되기 위해서는 진실의 마음, 즉 충의 마음이 되어야 한다. 아무리 사랑으로 넘쳐난다고 하더라도 충의 마음이 아닐 경우에는 변덕이 생기게 마련이다. 어제 옳다고 생각했던 마음이 오늘은 틀려지고, 오늘 예쁘다고 생각했던 사람이 내일은 못생겨 보이기 마련이다. 이것이 바로 상대적인 세계에서 비롯된 개별적 자아의 마음인 것이다. 개별적 자아의 마음은 개인이 만들어낸 기준에서 모든 것을 재단한다. 그러므로 순간적으로는 같다고 생각될지 모르나 변할 수밖에 없다. 변하게 되면 충돌이 일어나고 갈등이 생긴다. 갈등이 생겼다는 건 마음이 같아지지 못했다는 뜻이다.

그러나 충의 마음이 되면 나의 마음과 너의 마음이 아닌 우리의 마음으로 돌아가게 된다. 우리의 마음엔 이미 나와 너로 마주한 세계가 무너진 상태다. 소통이 되는 상태이다. 소통이 되므로

3. 나의 도는 하나로써 꿰뚫고 있다

갈등이 없다. 갈등이 없으므로 미운 마음이 생기지 않는다. 미운 마음은 서로를 병들게 하지만 소통하는 마음은 서로를 길러주게 된다. 서로를 길러주는 마음이 바로 우주의 마음이다.

우주의 마음은 둘일 수 없다. 그 마음이 사람에게 들어온 것을 본성이라 하는 것이다. 결국 서恕란 충의 마음으로써 미루어 나아가 하나가 되는 것이다. 충의 마음이 되면 안과 밖이 하나가 되는 것이다. 나와 천지天地 ─동양학에서 말하는 천지란 양과 음, 즉 음양이다. 음양은 형이상과 형이하를 일컫는 말이다. 형체를 이룬 것과 형체를 이루게 하는 원리를 아우르는 말이 바로 천지인 것이다.─ 가 하나가 되는 것이다. 그 하나됨을 구체적으로 실천하는 방법이 바로『대학』에서 말하는 '혈구지도絜矩之道'이다. 그 내용은 아래와 같다.

> 윗사람에게서 싫은 것을 가지고 아랫사람을 부리지 말며, 아랫사람에게서 싫은 것을 가지고 윗사람을 섬기지 말며 …… 이것을 척도로써 재는 방법이라고 일컫는 것이다.
> 〔『大學』, 傳10章: 所惡於上 毋以使下 所惡於下 毋以事上……此之謂絜矩之道也〕

혈구지도란 말 그대로 '척도로써 재는 방법'이다. 내 마음을 미루어 재는 것이다. 즉, 내가 좋았던 경험을 척도로 하여 상대에게도 그것을 적용한다. 반대로 내가 싫었던 경험을 척도로 하여 상대에게는 적용하지 않는다. 이 경우 선행되어야 할 조건은 '나의 마음'이 진리의 마음이어야 한다는 것이다. 나의 마음이 이기심으로 똘똘 뭉친 사람이라면, 다시 말해서 진리와 어긋난 사람이라면 그 마음을 미루어 상대방에게 미치는 것은 '함께 살자'가 아닌 '너는 죽고 나는 살자'가 되는 것이다.

　가령 권위적인 윗사람의 모습을 보면서 카리스마가 있는 분으로 여겨 존경하는 사람이 있다고 가정해보자. 그 사람은 아랫사람을 부림에 있어서 매우 권위적인 모습으로 대하게 될 것이다. 또 아랫사람이 뇌물을 싸들고 오는 것을 좋아하는 사람은 윗사람도 뇌물을 좋아하리라 여기고 그대로 적용하게 될 것이다. 이렇게 자기 자신을 척도(기준)로 삼아 왼쪽 사람이 내게 하기를 원하지 않는 것은 오른쪽 사람에게 행하지 말며, 오른쪽 사람이 내게 행하기를 원치 않는 것은 왼쪽 사람에게 행하지 않는다고 한다면 그것이 어찌 서恕를 실천한다고 할 수 있을 것인가? 혈구지도는 표층이 아니다. 내 안 깊숙이 존재하는 진실한 마음으로 상대방 또한 진실로 나아가도록 교화한다. 그리하여 마침내 함께 행복한 삶을 완성하는 실천 방법이 되는 것이다. 따라서 『중용』에는 다음의 내용이 나타나 있다.

도道는 사람에게서 멀지 아니하니, 사람이 도를 하면서 사람에게서 멀리하면 그것을 도라고 할 수 없다. 『시경』에 이르기를

3. 나의 도는 하나로써 꿰뚫고 있다

"도끼 자루를 베네, 도끼 자루를 베네, 그 법이 멀지 않네"라 하니…… 동생에게서 바라는 것으로써 형을 섬길 수 없으며, 벗에게 바라는 것을 먼저 벗에게 베풀 수 없다.

〔『中庸』, 第13章: 道不遠人 人之爲道而遠人 不可以爲道 詩云 伐柯 伐柯 其則不遠…所求乎弟 以事兄未能也 所求乎朋友 先施之未能也〕

도가 사람에게서 멀지 않다고 하고, 또 사람이 도를 한다고 하는 것은 사람은 도를 떠나 살 수 없다는 뜻이다. 도는 아침에 일어나서 잠들고 먹고 마시고 하는 사소한 일에서부터 죽는 데 이르기까지 한 시도 떠나서 살 수 없는 것이다. 그러나 지혜가 열리지 못한 사람들은 본인이 도, 즉 진리 안에서 살아가고 있다는 사실 자체를 알지 못한다. 그러므로 『역』에서도 "일반 사람들은 매일매일 도道를 쓰면서도 그것이 무엇인지 알지 못한다〔百姓日用而不知〕"고 한 것이다. 그리고 그러한 사람들은 동생에게서 구하는 것으로써 형을 섬기면 된다는 사실 또한 알지 못한다는 말이다. 또한 도를 하면서 사람에게서 멀리한다는 말은 진리가 마치 멀고 먼 고차원적인 어느 곳에 추상적으로 존재한다고 인식하는 깃에 빗대어 한 말이다. 『시경』의 도끼 자루를 베는 법이 멀지 않다는 말 또한 같은 맥락으로 이해하면 될 것이다.

그런데 여기서 주목해야 할 것은 공자사상의 핵심에 관한 내용이다. 대체로 알고 있다시피 『논어』의 핵심사상은 인仁이다. ―

『孟子集註』, 序說: 仲尼只說一箇仁字(仲尼께서는 다만 하나의 仁字만을 말씀하셨다) — 실제로『논어』에는 수많은 제자가 인仁을 묻는 대목이 나오고, 공자는 각각 제자의 수준에 맞게 그에 대한 답을 한다. 그뿐만 아니라 효孝와 제(弟=悌)가 인을 행하는 근본이라 하였다. — 『논어』「학이」: 孝弟也者 其爲仁之本與 — 그런데도 증자는 공자가 말하는 도에 대한 문도들의 질문에 서슴없이 충忠과 서恕라고 하였다. 게다가 필자 또한 지금까지 충과 서가 도를 실천하는 핵심 내용임을 설명하였다. 그러므로 인仁과 도道, 충서와 효제가 내용상 어떻게 관련되는지에 대하여 살펴보는 것이 다음 순서이다.

2) 인과 효 · 제弟

도道는 인仁과 불인不仁 둘뿐〔道二 仁與不仁而已矣〕이라고 공자는 말하였다. 이 말은 서울에서 부산으로 가는 길이 부산으로 가느냐 부산을 등지고 가느냐 둘밖에 없다고 하는 말로 바꾸어 이해할 수 있다. 다시 말해서 제대로 가느냐 거스르느냐 하는 것밖에 없다는 말이 된다. 그렇다면 인은 살리는 길이고 불인은 죽이는 길이 된다고 바꾸어 말할 수도 있다. 즉 인과 불인, 정正과 반反을 바꾸어 말하면 음양으로도 표현할 수 있다. 그렇다고 하여 음양이 도일 수는 없다. 음양이라고 하는 것 또한 기호이기 때문이다. 도와 음양의 관계에 대해 보다 명확하게 이해하기 위해서『주역』의 내용을 참고하도록 한다.

3. 나의 도는 하나로써 꿰뚫고 있다

먼저 「계사전」에서는 "천지의 큰 덕을 생生이라고 한다〔天地之大德曰生〕"고 하였고, 또 "생명을 낳는 것을 역(易, 변화)이라 한다〔生生之謂易〕"고 하였다. 그리고 「단전」에서는 "건도乾道가 변화하여 각각의 성명性命을 바르게 한다〔乾道變化 各正性命〕"고 하였다.

천지天地란 앞서 언급했던 것처럼 형이상形而上과 형이하形而下를 합친 말이다. 말 그대로 형이상이란 형체를 이룬 것이 아닌 자리이다. 그러므로 물질계의 영역이 아닌 자리가 형이상이다. 그리고 형이하란 형체를 이룬 영역이다. 그렇다고 하여 사람의 육안을 통한 형이하만을 한정지어 말하는 것은 아니다. 육안을 벗어났으나 분명히 존재하는 그런 존재는 헤아릴 수 없이 많다. 비록 형이상과 형이하로 나누어 '천지'라 하였으나 실상實相의 자리에 있어서는 형이상과 형이하로 나눌 수 있는 것이 아니다. ─그러므로 불교에서는 공즉시색 색즉시공이라 한다. 그뿐만 아니라 동양학 전체가 일원론이다. 현대물리학에서도 입자이기도 하고 파동이기도 한 물질의 궁극처를 '파동'이라 함으로써 물질 개념과 비물질 개념이 만나고 있다. 그러나 물리학에서 말하는 '파동'의 자리가 동양학에서 말하는 '공空' 개념이 될 수는 없다. 불교에서 말하는 공이란 분석을 통하여 갈 수 있는 자리가 아니다. 생명의 실상인 '그곳'이며, 마음이라고 하는 그것이며, 진여라고 하는 것이기 때문이다.─ 다만 현상학적 차원, 다시 말해서 상대세계의 안목에서 설명한 것이다. 그러므로 유교에서는 천지를 한 마디로 하늘

〔天〕이라 한다. 여기서 말하는 하늘은 물리적인 하늘이 아니라 철학적, 혹은 종교적인 개념이다.

따라서 '천지의 가장 큰 덕이 생生'이란 말은 하늘이 하는 일 가운데 가장 위대한 일은 '생명을 낳는 일', 혹은 '살리는 일'이란 뜻이 된다. 그렇다면 무엇이 생명을 낳을 수 있는가? 생명을 낳을 수 있는 것은 근원적인 생명이다. 사람을 낳는 어머니 역시 사람이고 나무를 낳고 과일을 낳는 것 역시 나무이고 과일이듯이, 생명을 낳은 자는 바로 생명 자체인 것이다. 사실 생명이라고 말하지만 우리를 숨쉬게 하고 자라게 하는 그 '무엇'은 이름할 수 없다. 그런데도 굳이 이름한다면 생명이라 할 수 있다. '그것'이 생명을 낳고 또 낳는다. '낳는다'고 하면, 역으로 멸하고 또 멸한다는 의미도 성립된다. 계속 낳고 낳기만 한다면 이 세상에 존재하는 모든 것은 그 끝이 보이지 않을 것이므로 새로운 것은 존재할 수조차 없게 된다. 생하면서 동시에 멸하므로 늘 새롭다. 공자가 길은 인仁과 불인不仁 둘뿐이라고 한 말도 같은 맥락이다. 새로운 세상으로 가는 사업이 한 순간도 멈추지 않고 계속되므로, 다시 말해서 낳고 또 낳으므로 바뀐다. 바뀐다는 말은 멈추지 않는다는 말이다. 지속적으로 새로 태어난다는 말이다. 멈추면 죽음일 뿐 생명이라 할 수도 없다. 그러므로 생명의 실상인 '하늘'을 달리 표현하면 '역易'이라 할 수 있는 것이다. 그런데 그 생명을 낳는 것이 큰 덕德이라 하였다. 공자 역시 "하늘이 나에게 덕을

3. 나의 도는 하나로써 꿰뚫고 있다

주셨으니 환퇴가 나를 어찌하겠느냐?〔天生德於予 桓魋其如何〕"라고 말하였다. ─『莊子』「天地」편에서도, "태초에는 '무'였고 '무명無名'이었다가 '하나'가 일어났는데, 형체로 존재하는 것은 아니었다. 만물이 그것(하나)을 얻어서 생겨났으니 이름하여 덕이다.(泰初有无 无有无名 一之所起 有一而未形 物得以生 謂之德)"라고 하였다.─ 이 말을 풀어보면 내게 들어온 하늘은 곧 덕이라는 말이 된다. 다시 말해서 내게 들어온 도(道, 진리)는 덕이란 말이다.

계속해서「단전」의 '건도乾道가 변화하여 각각의 성명性命을 바르게 한다'고 하는 대목을 살펴보면, 건도란 하늘의 도이므로 형이상자形而上者라 할 수 있다. 그러므로 형이상자인 하늘이 변화해서 성명을 바르게 한다는 내용이다. 하늘〔天〕은 실상의 자리라고 하였다. 그 '실상'의 자리는 이미 언급한 생명의 자리로서 없는 곳 없이 온 우주에 가득하다. 그러므로 어느 것 하나도 그것을 벗어날 수는 없다. 가득하다고 하지만 사실 공간개념으로 이해하면 안 되는 영역이다. 물론 시간개념도 용납되지 않는 자리이다. ─시·공간이란 상대적 개념일 뿐이다. 진리의 자리는 절대적인 자리이다. 절대적이므로 시·공간이란 더 이상 존재하지 않는다. 즉, 이것이 있어야 저것이 있는 법인데, 이것도 저것도 사라진 자리가 실상의 자리이기 때문이다.─

우리는 모든 사물이나 사건, 혹은 개념을 이해할 때 흔히 앎의 영역으로 접근하는 데 익숙해져 있다. 그러나 앎〔知〕의 영역과 지혜〔智〕의 영역은 엄연히 차이가 있다. 앎의 영역은 내가 이해하는 영역이다. 지혜의 영역은 내가 이해하는 영역을 초월한다. 즉 전자가 상대세계의 영역이라면 후자는 절대세계의 영역이다. —이에 대해서는 뒤 중용 부분에서 자세히 설명하겠다.— 시간과 공간에서 비롯되는 앎의 접근은 전자에서 비롯된 것이다. 그러나 유교의 하늘이란 개념을 상대적 앎의 영역으로 접근한다면 도저히 닿을 수 없는 세계이다. 하늘이란 그렇게 무한한 우주를 감싸고 있는 세계이지만 공간적인 세계로 이해 불가능한 영역이다. 그 하늘의 도〔천도天道〕가 변화하여 각각의 성명을 바르게 한다고 하였다. 이미 실상의 세계에서 벗어날 수 있는 것은 아무것도 없다 하였으니, 형이하形而下로 존재하는 어느 것도 실상 밖에 존재하는 것은 없다. 그런데 형이하인 존재 안에 내재하는 실상을 이미 덕이라 하였고, 다시 그것을 성性이라고도 하였다.

성性이란 글자 그대로 살리는 마음이다. 살리는 마음이란 인격적 측면에서 접근할 경우에 다만 글자를 달리하여 성性이라 표현한 것뿐이다. 그런데 각각 형이하자의 입장에서 보면 받은 것이지만 하늘의 입장에서 보면 내려준 것이다. 그러므로 명命이다. 따라서 성명性命을 바르게 한다고 하지만, 바르게 한다는 말은 다만 표현을 빌어다 쓴 것뿐이다. 실상은 개별이 존재하지 않는 자리이다. 그러므로 틈새도 없다. 굳이 표현하자면 온전히 그 자체로 있을 뿐이다. 그러한 하늘의 길은 낳고 낳는 작용을 쉬지 않고 행함으로써 각각 사물의 타고난 본성과 사명을 바르게 하는 것이다.「계사상전」에서는 또 다음과 같이 말한다.

"하나가 음이면 다른 하나는 양인 것을 도道라 하고, —대체로 "음했다가 양했다가 하는 것을 도라 한다"거나, "한 번 음하고 한 번 양하는 것을 도라 한다"고 해석을 한다. 그러나 필자는 견해를 달리하고 있다. 자세한 내용은 졸저,『성리학, 유불도의 만남』참조— 그 도를 잇는 것이 선善이고 그 도를 이룬 것은 성性이다. 어진 사람은 그것을 보고 어질다고 하고 지혜로운 사람은 그것을 보고 지혜롭다고 하는데, 일반 사람들은 매일매일 도를 쓰면서도 그것이 무엇인지 알지 못한다."
〔「繫辭上傳」, 5章: 一陰一陽之謂道 繼之者善也 成之者性也 仁者見之謂之仁 知者見之謂之知 百姓日用而不知〕

거듭 말하지만 '도道'란 음양이 아니다. 그러므로 음양이 있는 것이 아니다. 생명의 실상인 하늘, 즉 도를 통해서 천지만물이 오고 간다. 만물이 '그것'을 통해서 오고〔生〕 또 가기〔滅〕 때문에 도道라고 한다. 모든 만물이 말미암으므로 전체를 일컫는 천도天道라 하는 것이다. 그러므로 사람에 한정시키면 인도人道가 되는 것이다. 그렇다고 해서 인도와 천도가 별개로 존재하는 것은 아니다. 또한 비록 오고 간다는 표현을 하지만 역시 오지도 가지도 않는다. 말단〔形而下〕의 현상적인 측면을 빌어서 말하자면 '생生하고 멸滅'하므로 오고 간다고 하는 것이다. 그러므로 오는 것을 양이라 하면 가는 것은 음이다. 태어나는 것이 양이면 죽는 것은 음이다. 이쪽에서 보면 양인 것이 저쪽에서 보면 음이다. 음이라 말하지만 음 속에 이미 양이 있다. 양 속에는 음이 있다. 음을 잡으면 반드시 짝으로 따라 다니는 것이 양이다. 둘은 떨어질 수 없다. 떨어져 존재할 수도 없다. 둘은 동시성이면서 하나이다. 한 자리이다. 그것이 도道이다. 따라서 생생生生한다고 표현하지만 멸멸滅滅한다는 의미가 포함되는 것이다. 그러나 생멸은 애초에 없다. 그렇게 우주가 운행된다.

따라서 적연부동寂然不動이라 한다. ―「繫辭上傳」10章: 易無思也 無爲也 寂然不動 感而遂通天下之故 ― 적연부동이란 계획을 세워서 의도적으로 작위하지 않음을 의미한다. 그러므로 '역易은 작위하지도 생각하지도 않는다'고 하는 것이다. 저절로 그렇게〔自然〕행해지는 것이 도道이다. 왜 도인가? 모든 만물이 그것을 통해서 발현했다가 소멸되기 때문이다. 발현했다고 해서 없던 것이 생겨나는 것이 아니고, 소멸되었다고 해서 있던 것이 사라지는 것이 아니다. 상대세계에서 바라보면 있기도 하고 없기도 하지만 절대세계에서 보면 있다거나 없다고 하는 존재론을 넘어서 있다. 가령 비물질적인 존재, 즉 영적 존재에게 있어서 물질은 의미가 없다. 역으로 물질에 갇혀버린 자에게 있어서 물질이 아닌 것은 인식되지

3. 나의 도는 하나로써 꿰뚫고 있다

않는다.

　비록 그렇지만 비물질과 물질 너머의 근원에 이르면 물질도 비물질도 의미가 없다. 오직 생명뿐이다. 실상뿐이고 빛일 뿐이다. 사랑일 뿐이다. 그것을 에너지라 하여도 좋다. 마음이라 하여도 좋다. 그러한 세계, 즉 천도라 불리는 생명의 실상 그대로 만물이 행하면 천지가 함께 어울려 조화를 이루게 된다. 다 함께 사는 길이다. 다투지 않는 소통의 세계가 드러난다. 그것이 바로 선善이다. 즉 선악에 상대하는 선이 아니라, 절대적인 조화 그 자체를 선이라 이름한다.

　진리와 함께 할 때만이 오직 선이다. 그리고 개별적 존재에게 진리가 완성된 상태는 개별자에 내재한 하늘, 성性이라 할 수 있다. 각각이 부여받은 그대로 온전한 상태로 돌아갔기 때문에 완성이라 한다. 비록 완성이라 표현하였으나 또한 본질적인 차원에서는 완성 아님이 없다.

　이와 같이 모든 것을 차별 없이 길러내고 거두는 진리의 모습을 바라보는 관점은 둘이다. 사랑에 기준을 맞춘 사람의 입장에서 보면 분명 진리의 구현은 사랑의 완성이다. 비가 온 뒤에 식물이 쑥쑥 자라나듯이 만물이 자라나는 모습, 그 충만한 생명력으로 드러나는 진리의 모습은 분명 은총이고 축복이다. 천지 가득 사랑이 넘쳐나는 모습이다. 또, 한 치의 오차 없이 정확하게 제 몫에 맞도록 생명의 환희를 드러내는 모습은 완벽한 지혜의 구현이다. 그러므로 관심이 지혜에 맞춰져 있는 사람이 볼 때 진리가 생명을 낳고 거두는 모습은 분명 지혜로운 모습일 것이다. 진리의 사업보다 더 지혜로운 천지공사는 없을 것이다. 그러나 무지하여 우주의 섭리, 즉 진리에 깨어 있지 못한 자들은 본인들의 일거수일투족이 진리 안에 있는데도 그 사실을 알 리가 없다. 따라서 백성들은 매일 그것(진리)을 사용하면서도 알지 못한다고 한 것이다.

여기서 주목할 부분이 바로 인仁이다. 인이란 진리의 마음이다. 우리가 일상생활 속에서 사용하는 언어 가운데도 인술仁術이란 말이 있다. 의사가 사람을 살리는 데 뜻을 두고 진료를 하고 시술을 할 때 인술을 편다고 말한다. 그 의료 행위가 하늘의 사업과 다름없기 때문에 나온 말이다. 또 한의학에서는 모든 씨앗들을 부를 때 인仁을 넣어서 부르기도 한다. 살구씨를 행인杏仁이라 부르고 복숭아씨를 도인桃仁이라 부르는 것과 같은 것이 한 예이다. 결국 사물에 내재되어 있는 우주의 씨앗을 인이라고 하고, 그것이 사람에게 내재되어 있을 때를 인仁이라 하는 것이다. 그러므로 주자朱子도 인을 해석함에 있어 '천지가 만물을 낳는 마음'이라 한 것이다. 천지가 사물을 낳는 마음은 천지간의 만물에 똑같이 주어지는 사랑이니 곧 생명이다. 이러한 생명生命은 우리의 견고한 실체와, 다른 사람 모두와 함께 공유하고 있는 '외부의 실체'—우리 몸을 한계선으로 하여 몸을 둘러싸고 있는 생명은

3. 나의 도는 하나로써 꿰뚫고 있다

또 다른 우리의 실체라고 할 수 있다. 따라서 우리의 실체는 단순히 개별적인 몸이 아니라 우주의 거대한 생명에너지 전체가 될 수 있다.— 사이를 빠른 속도로 일정하게 왕복하고 있으면서 만물을 살려내고 있다. 그리고 이 생명과 나의 생명이 만날 경우, 무한한 사랑의 에너지가 사랑이라는 감정으로 발산된다. —가장 높은 창조, 즉 생명 차원과 만나게 되면 자동적으로 내면적인 도덕심이 발달하고, 순수한 감성이 발달하여 자동적으로 곤경에 처한 사람들을 도와주게 되며, 사랑이라는 감정으로 표현되는 에너지를 발산하게 된다. 이때 사랑이라고 부르는 것은 전 우주에 충만한 하나의 에너지이다.(Itzhak Bentov 저, 류시화·이상무 역, 『우주심과 정신물리학』, 정신세계사) —

따라서 이러한 사랑을 회복한 사람, 즉 생명을 회복한 사람은 지대지강至大至强한 우주의 에너지를 회복한 사람이므로 근심하지 않게 된다(『논어』; 仁者不憂). 이러한 생명을 회복한 사람은 사사로운 감정으로 사람을 대하는 것이 아니라 천지의 공심公心으로 사람을 대하기 때문에 좋아하고 미워하는 바가 생물지심生物之心에 위배되지 않는다. 따라서 "인자仁者만이 능히 사람을 좋아하고 능히 사람을 미워할 수 있다〔『논어』; 惟仁者 能好人 能惡人〕"고 한 것이다. 또한 이러한 생명을 회복한다는 것은 우리가 이르러야 할 가장 높은 벼슬이다. 하지만 사람들이 만들어 놓은 관직이 아니라 하늘의 일이면서 그곳에 이르면 가장 편안하기 때문에, "인仁이란 하늘의 높은 벼슬이며 사람의 편안한 집"—『孟子』

「公孫丑 上」: 夫仁 天之尊爵也 人之安宅也. 벼슬은 부귀영화의 상징일 수 있다. 그리고 가장 좋은 벼슬은 길이 영화를 누릴 수 있는 벼슬이다. 그런데 사람에 의해 주어지는 벼슬은 유한하다. 따라서 영원한 벼슬은 하늘이 줄 때에만 얻을 수 있다. 하늘로부터 벼슬을 얻기 위해서는 하늘이 되어야 한다. 하늘이 되는 길은 하늘이 명한 자리에 앉을 때만이 가능할 것이다. 또한 제일 편안한 집은 자신의 몸을 최적의 건강한 상태로 보존할 수 있도록 보호되는 집일 것이다. 그것 또한 하늘에 이를 때만이 영원한 평안을 얻을 것이다. 따라서 하늘이라 할 수 있는 성性, 즉 '인'이야말로 하늘의 높은 벼슬이고, 사람의 편안한 집이 될 수 있는 것이다. — 이라고 한 것이다.

지금까지 살펴본 것을 토대로 인仁에 대해 정리해 보면 다음과 같다. 공자사상의 핵심이라 할 수 있는 인이란 사람에게 들어와 있는 '하늘', 즉 우주의 마음이다. 그것은 곧 진리의 또 다른 이름인 것이며, 온전한 생명이라 할 수 있고, 또 사랑이라고도 할 수 있다. 그러므로 오도일이관지吾道一以貫之의 도道와 마찬가지로 이 세상을 움직이는 그 '무엇'을 지칭한 또 다른 이름이라 할 수 있다.

도道라고 부르든 인仁이라 부르든 그 실천 방법론이야 다를 게 없다. 그런데 공자는 증자의 충서忠恕라는 대답과는 달리 효孝와 제弟를 들고 있다. 효란 대체로 알고 있다시피 부모님을 공경하는 것이다. 다시 말해서 '나'를 중심으로 하여 윗 조상님과 하나 되는 것이 효이다. 어떻게 하나가 될 것인가? 내가 내 욕심을 부리는 한 부모님과 하나가 될 수 없다. 마찬가지로 부모님이 부모님의 사욕을 지니는 한 하나가 될 수 없다. 오직 하나가 될 수 있는 유일한 방법이 있다면 그것은 진리를 통해서만 가능하다. 그러므로 부모에게 효를 다한다고 하는 말은 부모의 내면에 있는 진리의 마음을 따르는 것이지 어버이의 욕심을 따른다는 말이 아니다. ─맹자가 순임금을 대효大孝라 칭하였던 까닭은 완악했던 아버지를 진리의 마음이 되도록 이끌었기 때문이었다.─ 그러나 아무리 어버이의 내면에 있는 진리의 마음, 즉 인을 따르고자 하여도 자녀가 불인不仁하면 그 또한 불가능하다. 따라서 효를 실천한다는 말은 곧 '나'의 마음이 진리의 마음이 되고, 그 마음으로 부모의 마음이 진리가 되게 교화敎化하여 진리를 실천하는 것이라 할 수 있다. 이것은 종적인 완성이다.

그 다음은 제弟를 실천하는 것이다. 제란 형제간에 우애 있는 것을 말한다. 형제간이라 함은 횡적인 관계를 말한다. 이 경우에도 역시 '나'의 마음과 '형 혹은 아우'의 마음이 별개로 존재하는 한 불가능하다. 진리의 마음 안에서만 하나가 될 수 있는 것이다. 따라서 진리의 마음인 내 마음으로 형제들과 하나가 되기를 실천하는 것이 바로 제弟의 완성이다. 이것은 횡적인 완성이다. 이와 같이 종적으로 완성되고 횡적으로 완성되는 길, 그것이 바로 진리의 구현이라 할 수 있다. 그러므로 공자는 효와 제의 실천이 인을 행하는 근본이라고 하였던 것이다.

결론적으로 도道라고 말하든 인仁이라 말하든, 또는 성性 혹은 덕德이라 말하든 모두 진리를 지칭한 표현에 불과한 것이고, 만물을 살린다는 의미에서는 하나라 할 수 있다. 또한 만물을 살리는 생명의 실상으로 돌아가는 길은 증자가 말하는 충서忠恕와 공자가 말하는 효제孝弟가 말은 다르나 뜻은 하나인 것이다. 그 둘은 다 같이 종적·횡적으로 하나가 됨으로써 유교의 이상인 대동사회를 실현하는 방법이라 할 수 있다.

따라서 유교에서 큰 학문의 길을 제시한 『대학』의 내용도 여기에 맞추어 설명된다. 그것이 바로 삼강령三綱領이다.

4. 『대학』의 삼강령

대학大學이란 말 그대로 큰 학문이다. 무엇이 큰 학문이 되는가? 일상생활에 관한 예의범절이나 조례, 혹은 규칙과 같은 것은 소학이 된다. 소학은 형이하학에 해당한다고 할 수 있다. 가령 아침에 일어나면 침상을 정리하고 부모님께 문안을 올리는 일이라든지, 마당에 물 뿌리고 청소하는 일, 어른이 부르시면 재빠르게 대답하는 일, 나아가고 물러나는 예절, 어버이를 사랑하고 어른을 공경하며 스승을 높이고 벗과 잘 사귀는 일과 같은 것이 그 범주에 들어간다. 다시 말해서 이미 '나'와 '너'라고 하는 개별적인 사람과 사람이 만나 형성된 사회에서 화목하게 어울리는 데 필요한 예절과 방정한 생활규범 같은 것이 소학의 범주에 든다고 할 수 있다.

대학은 형이상학에 해당하는 것으로 간략하게 말한다면 마음공부라 할 수 있다. 즉 '나'와 '너'로 만나 이 세상을 살아가고 있지만 근본적으로는 개별적인 자아가 아닌 '우리'라는 것을 인식하고 깨닫는 데 목적이 있다. 다시 말해서 개별적인 자아로 국한된 삶에서 벗어나 우주질서와 함께 하는 큰 자아로 거듭남으로써〔修己=明明德〕안락을 얻고, 다시 그 깨달음을 주변 영역에까지 확대해 나감으로써 모든 이웃이 안락을 얻도록 인도하여〔安人=親民〕마침내는 다 함께 지극히 평화로운 삶을 살게 하는 데〔止於至善〕있다. 그것이 바로『대학』의 세 가지 강령綱領인 것이다. 하나하나 살펴보기로 한다.

1) 밝은 덕을 밝힌다〔明明德〕

사실 덕은 그 자체로 밝음이다. 이미 서술했듯이 하늘이 사람에게 들어온 것을 덕이라 하는데, 어찌 혼탁함이나 어두움이 있을 것인가. 그러므로 거기에 명明이란 글자를 붙여 명덕이라 한 것은 사족일 수 있다. 그러나 그렇게 기록한 옛 사람들의 마음속으로 들어가 보면 충분히 납득하고도 남음이 있다. 그냥 덕이라 말하기엔 부족한 느낌이었을 것이다. 그래서인지 유교경전에서는 덕을 그저 덕이란 글자 하나로 쓰기보다는 대체로 명덕으로 썼던 것이 여러 군데서 발견된다.『서경』을 비롯,『좌전』,『시경』등의 덕에 대한 내용이 대체로 그러하다. 분명 우리의 감각기관으로는 인식불능인 내면의 '하늘'에 대한 표현이 '밝다'고 분명하게 기록되어 있는 것이다. 그러므로 이쯤에서 유교의 '하늘'에 대한 개념을 보다 구체적으로 알아보고 넘어갈 필요가 있다.

유교에서 말하는 '하늘'이란 이미 그 대체를 설명했다시피 알 수 없는 그 무엇이다. 그것의 이름은 셀 수 없이 많다고 하였다. 이름이 무진장 많다는 것은 진짜 이름을 알 수 없다는 뜻이기 때문이라 하였다. 무형, 즉 형체를 띠지는 않았지만 유리有理, 즉 이치를 지니고 있다. 후대의 성리학에 이르면 성즉리性卽理라 하여 내면의 본성이 곧 리理라고 하는 이유도 거기에 있다. 내면의 본성이 바로 덕이고 그 덕은 곧 하늘〔天〕에서 비롯되었다. 따라서 성이 곧 리라고 하는 성리학의 이론은 덕이 곧 하늘이고 그 하늘은 이 세상을 움직이는 온갖 이치를 갖추고 있다는 말이 된다.

그렇다면 이 세상을 움직이는 이치란 무엇을 의미하는가? 우선 독자들은 물리적인 하늘을 떠올리는 습관을 버리고, 또 하늘이란 개념도 버린 후 다시 정리해 보기로 하자.

대체로 기공체조를 비롯한 여타의 기氣 수련을 해 본 사람이라면 우리의 의식을 놓았을 때 우리 몸을 이끌고 다니는 초자연의 어떤 기운을 감지해 보았을 것이다. 그리고 마음공부를 해 본 사람이라면 모든 생각과 의지를 내려놓았을 때 내면을 충만한 생기로 몰아가는 무엇인가를 느껴 보았을 것이다. 이처럼 우리가 인식으로 접근하면 아무것도 없는 허공이지만 인식의 도구를 버리고 나면 문득 충만한, 알 수 없는 거대한 힘으로 충만한 이것이 바로 이치이다. 도저히 있다거나 없다는 표현의 존재론으로는 접근 불가능한 그것은 바람도 아니고 전기도 아니다. 굳이 표현하자면 우주에너지라 하는 편이 가까울 것이다. 우주의 마음이라 해도 무리는 없을 것이다. 우주에 충만하면서 만물을 키우고 거두어들이는 존재라 해도 무방할 것이다. 그러므로 각 종교에서는 가장 높이고 싶은 말인 '님' 자字를 붙여 칭하는지도 모른다.

 그 님은 둘이 아니다. 오직 그것뿐이다. 위대하지만 크다고 형용할 수도 없다. 어떤 미세한 소립자도 그것을 비껴가지 못하므로 가장 작은 것이라 할 수 있겠으나 그렇다고 작다고도 표현할 수 없다. 아무리 견고한 다이아몬드라 할지라도 그것 밖에 따로 존재할 수는 없다. 둘이 아니므로 거리를 용납하지 않는다. 거리가 용납되지 않으므로 시간도 용납되지 않는다. 굳이 비유해 본다면 바닷물 속에 만물이 들어 있듯이 그렇게 이해하면 쉬울지도 모른다. 이 우주라고 하는 무한한 것을 다 담고 있는 바다와 같은 존재이다. 바다에서는 흐름을 타지 않는 한 자유로울 수 없다. 우주에너지장 안에서도 마찬가지다. 그 흐름 속으로 들어갈 때 비로소 자유로워진다. 현상세계로의 모든 문을 닫았을 때, 즉 적정寂靜 혹은 적연부동寂然不動일 때만이 그 흐름 속으로 들어갈 수 있다. 그 흐름이라는 것이 무엇인가? 바로 우주의 질서이다. 우주의 질서는 사람이 알 수 있는 영역이 아니다.

4. 『대학』의 삼강령

다시 이해를 돕기 위해 우주라고 하는 거대한 바다를 한 사람의 몸만큼 줄여서 접근해 보기로 하자. 우리 몸은 아무리 멀리 떨어진 머리카락 끝이라 해도 결국 한 사람의 몸의 일이다. 그러므로 발가락 끝과 머리카락 끝은 동시성이다. 머리카락과 발가락에 동시에 수많은 바늘이 날아와 꽂혔다고 가정을 한다면 어떠할 것인가? 머리카락을 먼저 인식할 것인가? 아니면 발가락을 먼저 인식할 것인가? 누구나 알고 있는 것처럼 동시에 인식할 수 있다. 굳이 발가락 끝에 가서 확인하고 돌아와서 머리카락 끝으로 가 들여다보고 난 후 알아채지는 않는다. 그것이 바로 거대한 우주의 일이기도 한 것이다. 이 거대한 우주는 한 치의 오차도 허용되지 않는다. 정확하게 길러낸다. 흠축 없이 완벽하게 사랑한다. 그 작용은 일억분의 일 초도 멈추질 않는다. 서로가 서로를 침해하지도 않는다. 어느 곳이나 소통이 되고 도달한다. 다르게 표현하면 지혜요, 사랑(仁)이요, 성誠이요, 경敬이다. 따라서 채침도 『서경』의 서문에서 '덕德과 인仁, 경敬, 성誠이 글자는 비록 다르지만 이치는 하나(曰德曰仁曰敬曰誠 言雖殊 而理則一)'라고 하였던 것이다. 그러한 '무엇'을 현상에서 접근하면 역易이다. 그렇다고 하여 역易의 자리가 형이하의 자리는 아니다. 형이상과 형이하가 만나는 자리이다. 우주변화의 원리란 모든 것은 언설言說 그 너머에 있으나 언설을 빌어 표현한 것이기 때문이다.

  필자는 앞에서 하늘(天), 즉 우주의 질서 내지는 우주의 마음은 알 수 없다고 말했다. 인식하는 '나'라고 하는 주체가 있는 한 그 것은 올바른 인식일 수 없기 때문이다. 그런데 그 하늘을 알 뿐만 아니라 실천하는 사람이 있다. 유교에서는 그를 성인聖人이라고 칭한다. 물론 여기서 알고 실천한다고 표현하였지만 역시 주체로서 객체를 인식한다는 뜻은 아니다. 그러므로 오직 실천하는 자만 있을 뿐이다. 그가 바로 성인이다. 그렇다면 실제로 유교경전에서 성인에 대해 어떻게 표현하고 있는지를 살펴본다면 과연 성聖의 영역이 어느 정도인지 가늠해 볼 수 있을 것이다.

우선 『주역』 건괘 「문언전」에는 성인이 대인大人 —유교경전에서는 대인大人·군자君子·성인聖人 등으로 성인을 지칭하는 말이 각각 다르게 표현되어 있다.— 으로 표현되어 있으며 그 내용은 다음과 같다.

대저 대인은 천지와 그 덕을 합하고 일월과 그 밝음을 합하며 사시와 그 순서를 합하고 귀신과 그 길흉을 합한다. 하늘보다 먼저 하더라도 하늘이 그를 어기지 아니하며 하늘보다 늦게 할 경우에는 천시(天時=하늘의 질서)를 받든다. 하늘도 어기지 아니하는데 하물며 사람에 있어서이겠는가. 하물며 귀신에 있어서이겠는가.
〔夫大人者 與天地合其德 與日月合其明 與四時合其序 與鬼神合其吉凶 先天而天弗違 後天而奉天時 天且弗違而況於人乎 況於鬼神乎〕

4. 『대학』의 삼강령

인용문에서 대인은 천지와 덕을 합하였다고 하였다. 어째서인가? 성인은 이미 감각기관(눈, 코, 귀, 입, 몸)에 의해 만들어진 '나'를 극복한 존재이다. 나를 극복하였다는 말은 인仁을 회복한 존재란 뜻이다. 인을 회복하였다는 것은 진리의 마음이 되었다는 의미이며, 바꾸어 말하면 내면에 덕이 충만하다는 의미가 된다. 공자 역시 안연 —공자가 가장 총애하였던 수제자이나 단명하였다. 공자는 안연을 진리에 거의 다가갔던 인물로 표현하고 있다.— 이 인仁을 물었을 때 '극기복례克己復禮'라고 하였던 것도 이런 맥락에서 이해하면 될 것이다. —예에 대해서는 뒤 중화中和를 설명할 때 더 구체적으로 할 것이다.— 따라서 성인의 마음은 마땅히 우주의 마음이라 할 수 있으므로 천지와 하나가 된 상태라 할 수 있다.

다음에 성인은 해와 달처럼 밝다고 하였다. 이는 이미 앞에서 진리를 빛, 혹은 생명이라고 기독교와 불교 교리로써 설명한 것을 통해 이해하면 된다. 반복하여 설명한다면, 기독교『신약성서』「요한복음」1장에 '태초에 말씀이 계셨고 그 말씀은 하느님과 똑같은 분이시며, 모든 생명은 그에 의해 태어났는데 사람들의 생명은 빛이었다'고 표현되어 있다. 또 14장에서는 좀 더 직접적으로 "나는 '길'이요 '진리'요 '생명'이다"고 하였다. 불교 역시 진리인 부처를 우리 범부가 인식할 수 없는 절대적인 세계이므로 '헤아릴 수 없는 빛'이란 뜻에서 '무량광'이라 하고, 또 '헤아릴 수 없는 생명'이란 뜻에서 '무량수'라 하였다.

그런데 유교 역시 진리의 밝음을 말하되 빛 가운데 세상에서 가장 밝은 해와 달로 표현한 것이다. 비록 해와 달로써 밝음을 표현하였지만 그것이 진리의 빛보다 밝을 수는 없다. 햇빛과 달빛이 아무리 밝아도 깊은 바다 속이나 땅속은 물론 종잇장 하나조차 뚫지 못한다. 그러나 인仁을 회복한 성인의 밝음은 모든 것을 보고 알 수 있게 된다. ─불교에서는 성인, 즉 붓다를 육신통六神通이 열린 존재라 하는데, 육신통이란 천안통, 숙명통, 누진통, 타심통, 신족통, 천이통이다.─ 그러므로 우주의 흐름과 질서를 같이 하고, 보고 듣고 행동하고 말하는 모든 것이 하늘과 하나가 된다.

 다음은 「계사상전」에 나타나 있는 내용으로서 성인을 묘사한 것이다.

 그 작용이 신묘하므로 빨리 가지 않아도 빠르고 가려고 의도하지 않아도 이를 수 있다.
 〔惟神也故 不疾而速 不行而至〕

 이 구절은 필자가 유학을 공부하면서 어떻게 이해해야 할지 무척 많이 고민했던 내용이다. 불교(특히 화엄학)를 공부하고 정신물리학이나 우주론을 다룬 서적과 각종 심리학에 관련된 서적을 읽고 나서야 정리가 되었다. 그러므로 대뜸 본질로 들어가 설명하기란 참으로 난해하다. 불교의 『법화경』에는 두 눈을 뜬 사람

4. 『대학』의 삼강령

이 장님나라에 들어가 아무리 이 세상에 관한 일을 이야기하더라도 이해를 얻기가 어렵다고 하였다. 그뿐만 아니라 장님이 비로소 눈을 떴다고 하더라도 보이는 세계 너머에 있는 수많은 차원에 대해서 알게 하기는 더더욱 어려운 일이라 하였다. 성인의 영역이란 게 그렇다. 무슨 일이든 사람의 영역에서 사람의 수준으로 일을 하는 데는 한계가 분명히 있다. 사람은 종잇장 하나를 사이에 두고도 볼 수 없고, 사람의 귀가 감지할 수 있는 데시벨의 범주를 넘어선 소리는 들을 수 없다. 맛이며 느끼는 것이며 냄새도 마찬가지다. 일을 하는 데 있어서도 그렇다. 하나를 하고 또 다음 하나를 할 수밖에 없는 것이 일반적인 사람의 능력이다. 일반적인 보통 차원에서 하는 모든 일이 다 그렇다. 그러나 그 한계를 벗어난 성인은 하나를 밟아서 다음을 하는 것이 아니다. 통찰력이 있고 지름길을 알고 초월적인 집중이 가능하다. 속된 표현으로 이해를 돕는다면 차원이동이 가능하다는 표현이 맞을 것이다. 그러므로 3차원을 넘어선 사람이 행하는 일을 2차원에 머무는 사람이 이해하고 따라잡을 수는 없다. '행하지 않아도 도달한다'는 말 역시 그런 차원에서 이해해야 한다. 육체로 행하는 자는 육체로 만나야 가능한 일이 된다. 그러나 마음의 차원으로 행하는 자는 육체는 단 한 발자국도 떼지 않았으나 이미 도달하는 경우가 바로 그것이다. 다음 예문은 당나라 말기 학자로서 성리학의 포문을 연 이고의 「복성서」에 나오는 내용이다.

성인은 적연부동하여 가지 아니하여도 이르고, 말하지 아니하여도 신령스러우며, 빛을 발하지 아니하여도 빛나며, 제작은 천지에 참여하며, 변화는 음양에 합한다.
〔聖人者 寂然不動 不往而到 不言而神 不耀而光 制作參乎天地 變化合乎陰陽〕

적연부동하다는 말은 이미 언급했던 것처럼 진리의 차원에서 살아가므로 우주의 마음과 함께 한다는 말이다. 이기심에서 발동하는 마음이 아니므로 우주의 질서를 교란시키지 않는다는 말이다. 마치 잘못 연주하는 독주자가 없으면 하모니를 이루어 훌륭한 협주곡을 탄생시키는 것과 같은 이치이다. 그렇듯이 우주의 질서를 따라 우주의 마음이 되면 이 세상은 그 자체로 하나이지 둘이 아닌 세계가 된다. 크다고도 할 수 있지만 작다고도 할 수 있고, 크지도 작지도 않다고도 할 수 있으며, 모든 표현을 떠나 있는 세계라고도 할 수 있다. 그러므로 가고 오는 것도 없다. 가고 오는 것이 없으므로 도달하고 말고 할 것도 없어진다.

이 사람과 저 사람, 혹은 저 사람과 이 사람이 있어야 서로 소통을 위한 말이 필요하겠지만 그 상대가 사라졌으므로 말이 필요 없다. 이 마음이 곧 저 마음이다. 저 마음이 곧 이 마음으로 서로 통한다. 이것은 마치 꿈속에서 서로 입을 떼어 아무런 말을 하지 않아도 의사소통이 되는 것과 같은 이치이다. 이심전심이랄 것도

4. 『대학』의 삼강령

없다. 저절로 그 마음이 이 마음인 것이다. 동시성이므로 전할 무엇도 없는 상태이다. 그러므로 천지공사에 참여하게 되는 것이고 음양의 변화를 타는 것이 된다. 그런데 여기서 중요한 것은 바로 빛을 발하지 아니하여도 빛난다고 하는 대목이다. 빛나고자 해서 빛이 날 수 있는 것은 아니다. 보석은 갈고 닦으면 빛을 낼 수 있다. 사람의 마음은 오직 사악한 마음을 버림으로써만 밝아질 수 있다. 사악한 마음은 개별적인 마음이다. 나의 마음이다. 우주와 갈라놓은 마음이다. 갈라놓았다는 것은 울타리를 쳤다는 말이다. 마음의 울타리는 마음이 만들어 놓은 틀이다. 물리적으로 관찰되는 영역은 아니지만 분명 물질세계로써 존재하는 틀이다. 마음이 만들어 놓은 사악한 틀은 굳건하고 어두운 틀이다. 눈에 보이는 물질로 이루어진 틀은 망치로 두들기면 무너지기 마련이다. 그러나 마음이 만들어 놓은 틀은 물질적인 도구로써는 허물 방법이 없다. 그러므로 허물기도 쉽지 않다. 오직 자신이 만들어 놓은 틀이 허상임을 알 때만이 틈새가 생겨 약화되기 시작한다. 그 틀은 어둡다. 어둡기 때문에 본래 우주와 하나이던 것을 영역을 나누어 가두게 되는 것이다. 분리된 객체는 빛나던 광휘를 막아 빛나지 않게 한다. 그래서 사람이 밝지 않은 것이다.

  모든 근심과 걱정은 개체에서 비롯된 것이다. 개체로 인식되었으므로 욕심이 생기고, 분노가 생기고, 집착이 생기는 것이다. 집착은 어리석음에서 비롯된다. 이 모두는 사람을 어둡게 만드는 주범이다. 그러나 성인은 이 모든 것을 타파한 사람이다. 집착이 사라졌으므로 욕심낼 무엇도 없다. 욕심이 없으므로 화낼 일도 없다. 모든 어리석음이 사라졌으므로 본래의 우주가 빛나듯이 진면목으로 빛이 난다. 빛은 밝음이다. 그러므로 빛내려 하지 않아도 저절로 빛이 날 수밖에 없는 것이다. 이것이 바로 명덕明德의 힘이며 성인의 영역이다. 『대학』에서도 덕이 내면에서 온전하게 발현되면 몸이 윤택해진다고 하였다. 윤택해진다는 말은 빛난다는 말이니, 이 또한 명덕의 밝음을 말한 것이다. 내면의 덕이 얼마나 밝으면 그 빛이 육신을 통해 밖에까지 빛을 뿜어내겠는가. 오직 수행을 통해 본래의 모습을 회복할 때만이 그 모든 것을 가능하게 할 수 있다.

그러므로 주자朱子 역시 '밝은 덕을 밝히는 것'에 대하여 다음과 같이 풀이하였다.

명덕은 사람이 하늘에서 얻은 것이며, (겉으로는) 텅 빈 것이지만 (작용에서는) 신령스럽고 밝은 것이며, 모든 이理를 구비하고 있고 만사에 응할 수 있는 것이다. 그러나 기품氣稟에 얽매이고 또 욕심에 가려짐으로써 때로는 혼미하게 되기도 한다. 그러나 그 본체의 밝음은 일찍이 쉰 적이 없다. 그러므로 배우는 자는 마땅히 (본성이) 발하는 바를 따라 (하늘로부터 주어진) 명덕을 밝혀서 처음을 회복하여야 한다.

〔『대학』, 경1장 : 明德者 人之所得乎天而虛靈不昧 以具衆理而應萬事者也 但爲氣稟所拘 人欲所蔽 則有時而昏 然其本體之明 則有未嘗息者 故學者 當因其所發而遂明之 以復其初也〕

주자의 말대로 명덕은 하늘에서 얻은 것이되 물질이 아니므로 텅 빈 것이라 할 수 있다. 텅 비었다고 하지만 무엇에나 통하고 무엇이든 이루니 신령스럽다 할 수 있다. 개체에 들어와 있는 우주의 마음이니 우주의 모든 이치를 갖춘 이른바 소우주인 셈이다. 그러므로 모든 일에 우주의 섭리로써 응할 수 있다. 하지만 이미 설명했던 것처럼 부여받은 육체에 따른 유전정보에 의하여 얽매이게 되고, 또 욕심에 의해 어두워지게 되는 것이다. 따라서 본래의 밝았던 덕을 회복하는 길은 오직 수행을 통해서만 가능하다고 할 수 있다. 명명덕明明德의 상태에 이르러 하늘 마음이 되면, 즉 천인합일(天人合一, 하늘과 사람이 하나로 합해짐)이 되면 그 다음은 친민親民하여야 한다.

2) 주변 사람들과 하나되다 = 친민親民

유교에서 자신의 본래 진면목이라 할 수 있는 밝은 덕을 밝힌 사람, 즉 자기완성을 한 사람이거나 자기완성을 향한 과정에 있는 사람을 '군자'라 한다. 공자 문하의 열 사람의 뛰어난 제자〔孔門十哲〕가운데 가장 용맹스러웠던 제자인 자로가 군자에 대하여 공자에게 물었다. 공자는 '자기를 닦음으로써 남을 편안하게 하는 것' 이라고 하였다. 다시 자로가 '그렇게만 하면 되느냐'고 하자, 공자는 '자기를 닦음으로써 백성을 편안하게 하는 것인데, 자기를 닦음으로써 백성을 편안하게 하는 것은 요임금·순임금도 오히려 (그렇게 하지 못하는 것을) 아픔으로 여겼다'고 대답한다.

그렇다면 백성을 편안하게 하는 것이란 어떻게 해 준다는 의미인가? 백성이란 현대어로 국민이다. 국민을 편안하게 해 주는 일은 위정자가 해야 할 역할이 아닐까? 그렇다. 그러므로 유교의 가르침을 제왕학이라고도 하는 것이다. 요즘 말로 하면 대통령이 되어 국민을 다스리기 위한 학문인 것이다. 제왕이란 오늘날의 언어로 바꾼다면 사회의 리더라 할 수 있다. 자신이 속한 정당이나 각종 단체의 리더 혹은 가장으로서 자신을 닦고, 그 덕의 힘으로써 구성원들을 편안하게 해 주는 것이 바로 군자가 해야 할 일이다.

이러한 흐름은 대승불교에서 말하는 보살도菩薩道와 맥을 같이 한다. 군자와 같은 의미를 갖는 불교적 명칭이 바로 보살인데, 보살의 서원誓願은 '위로는 깨달음을 구하고 아래로는 중생을 제도하는 것'이다. 즉 불교의 입장에서 수행에 뜻을 둔 사람은 굳게 맹서하며 바라는 바가 있다. 그것을 서원이라 하는데, 자기 자신이 깨닫는 데만 목적이 있는 것이 아니라 주변의 다른 중생들도 깨달음의 길로 인도하여 다 함께 복락을 누리겠다는 것이다.

이 교리는 자신만의 깨달음에 뜻을 둔 소승불교와의 큰 차이점이라 할 수 있다. 이 점이 바로 유교에서 명명덕 이후에 친민하는 유교의 가르침과 맥락을 같이 한다. 다시 말해서 유교에서 말하는 '명명덕'은 수행, 즉 궁극적 도달 목표인 불성광명(佛性光明＝부처)의 다른 이름인 '자비'의 실천에 뜻을 둔 보살이 '깨달음을 구하는 것'과 맥락이 같다. 그리고 '친민'은 '주변의 중생을 제도하는 것'과 맥을 같이 한다. 유교에서 구성원들을 편안하게 해 준다는 내용은, 불교에서 구성원들을 제도한다는 내용과 서로 통하는 개념인 것이다. 친親이란 말의 본뜻은 하나가 된다는 뜻으로서, 네 것과 내 것이 따로 필요 없을 만큼 그렇게 가깝게 된다는 뜻이다.

'나'와 '너'로 나뉘어진 상태에서는 친하다 할 수 없다. 내 것이 네 것이고 네 것이 곧 내 것일 때 비로소 친하다는 말을 할 수 있다. 내 모든 것, 심지어 너를 위해서 내 목숨을 버리는 것 또한 나를 위한 몫으로 여겨질 때 비로소 '친親'이란 말을 쓸 수 있다. 친부모나 친한 친구란 나와 한 몸인 듯이 가까운 사이란 뜻이 되는 것이다. 따라서 친민親民이란 백성과 내가 하나가 된다는 뜻이 된다. 밝은 덕을 밝힌 나와 백성이 하나가 된다는 뜻은 곧 백성들 또한 밝은 덕을 밝히도록 인도한다는 의미이다. 그리하여 마침내는 나와 내 이웃이 모두 편안하고 행복한 세상을 살 수 있도록 덕화德化가 이루어진다. 바로 그 때문에 친민이 곧 중생제도와 맥락을 같이 한다고 하는 것이다. 여기서 잠시 모든 백성이 편안하고 행복한 세상, 즉 대동사회의 이상을 실현하였던 순임금의 덕화에 대하여 살펴보기로 한다.

순舜임금의 아버지 고수는 순의 의붓어머니와 모의하여 여러 차례 아들을 죽이려고 시도하였다. 한 번은 순의 아버지 고수가 순으로 하여금 창고에 올라가 흙을 바르게 하고는 사다리를 치운 다음 창고에 불을 질렀다. 그러나 순이 두 개의 삿갓으로 몸을 가리고 내려와 살았다. 또 한 번은 고수가 순으로 하여금 우물을 파게 하였다. 그래서 순이 구덩이를 깊이 파 들어가자 위에서 아우(이름은 상)와 둘이 흙을 덮어 생매장시키려 하였다. 순이 사전에 그 계략을 알고 있었기에 우물을 팔 때 옆으로 나올 수 있는 숨은 구멍을 만들어 놓았으므로 또한 살 수 있었다. 그 때 순의 계모가 낳은 이복동생인 상은 순이 필히 죽었을 것이라 여겼다. 그리하여 그는 '꾀를 내어 형을 생매장한 것은 모두 나의 공로이니 소와 양은 부모의 것이요, 창고는 부모의 것이며, 방패와 창은 나의 것이고, 거문고는 나의 것이요, 활은 나의 것이며, 두 형수는 나의 집을 다스리게 하겠다'고 하였다. 이처럼 가정환경이 녹록치 못했던 순임금은 요임금의 두 딸과 혼인을 하면서 부모에게 허락을 받지 않는다. 그뿐만 아니라 똑같이 성인으로 불리던 요임금마저 사돈이 되는 순의 부모님께 알리지 않고 사위를 맞았다.

이 일은 후대에 이르러 효에 어긋난다는 논란의 여지를 남기게

4. 『대학』의 삼강령

되었다. 그러나 맹자는 이에 대해 요임금이나 순임금이 만약 순의 혼인에 대해 부모의 동의를 구하려 하였다면 혼인할 수 없었을 것이고, 또 그렇게 되면 후사를 얻지 못하였을 것이므로 부득이한 선택이었다고 설명한다. 즉 사람 사이에서 도리를 다하는 것은 예의라고 할 수 있으므로 인도(人道, 사람의 길)에 속하지만, 예의 근원은 천도(天道, 우주의 섭리)에 있으므로 더 근원인 천도를 따랐다고 한 것이다. 다시 말해서 고집스럽고 독선적인 고수의 마음을 따르는 것은 이미 인간의 욕심이 개입한 아버지를 따르는 것이지, 순수한 아버지의 본래 마음을 따르는 것이 아니다. 비록 아무리 이기적이고 독선적인 아버지라 할지라도 그 사람의 진짜 마음속을 들여다보면 자식을 아끼고 사랑하는 마음이 잠재해 있기 마련이다.

실제로 역사 속에서 순임금은 비록 자신의 어버이가 고집스럽고 독선적이라 할지라도 어버이에게 사랑을 얻지 못하면 사람이 될 수 없고, 어버이에게 순종을 하지 못하면 아들이 될 수 없다고 여겼다. 그리고 순임금은 어버이 섬기는 도리를 다함으로써 마침내 고수가 기뻐하고 행복하게 되었다. 고수가 행복해지자 고집스럽고 독선적이던 성격이 순順해졌다. 그리하여 주변 사람들 또한 순임금을 통하여 어버이 섬기는 법을 본받게 되었고, 마침내 천하의 모든 어버이와 아들 된 사람들이 마음의 평안을 얻고 안정을 되찾게 되었다. ─이에 대해서는 『맹자』「이루상」의 내용을 참조— 이것이 바로 친민親民의 대표적인 사례라 할 수 있다. 『서경』「대우모」편에는 그 내용이 더 구체적으로 기록되어 있는데 다음과 같다.

"아! 우禹야, 유묘有苗가 따르지 않으니, 네가 가서 정벌하라" 하니, 우가 마침내 여러 제후들을 모아놓고 군사들에게 다음과 같이 맹세하였다. "여러 군사들이여! 모두 나의 명령을 들어라. 무지한 유묘가 어둡고 미혹하며 불경不敬하여 남을 업신여기고 스스로 어진 체 하며, 도를 위배하고 덕을 파괴하여 군자가 초야에 있고 소인이 지위에 있으니, 백성들이 유묘의 군주를 버리고 보호하지 않으며, 하늘이 재앙을 내리신다. 이러므로 내가 너희 여러 군사들을 거느리고 황제의 말씀을 받들어 죄를 지은 자들을 정벌하노니, 너희들은 부디 마음과 힘을 한결같이 하여야 능히 공을 세울 수 있을 것이다." 30일 동안을 유묘의 백성들이 명을 거역하자, 익益이 우禹를 도와 이르기를 (간언하기를) "덕德은 하늘을 움직여 아무리 먼 곳이라 하여도 이르지 못함이 없으니, 교만하면 덜어내고 겸손하면 보태주는 것이 바로 천도天道입니다. 임금 순이 처음 역산歷山에서 밭에 가시어 날마다 하늘과 부모에게 울부짖으시어 죄를 떠맡고 악을 자신의 탓으로 돌리시어 공경히 일하여 고수(순임금의 아버지)를 뵙되 어려워하고 두려워하시니, 고수 또한 믿고 따랐습니다. (이처럼) 지극한 정성은 신명을 감동시키는데, 하물며 이 유묘에 이를 바이겠습니까?" 하였다. 우禹가 좋은 말에 절하며, "아! 너의 말이 옳다" 하고는 군대를 거두자, 임금 순이 마침내 덕을 크게 펴 방패와 일산으로 두 뜰에서 춤을 추었는데, 70일 만에 유묘가 와서 항복하였다.

〔咨禹 惟時有苗弗率 汝徂征 禹乃會群后 誓于師曰 濟濟有衆 咸聽朕命 蠢玆有苗 昏迷不恭 侮慢自賢 反道敗德 君子在野 小人在位 民棄不保 天降之咎 肆予以爾衆士 奉辭伐罪 爾尙一乃心力 其克有勳 三旬 苗民逆命 益贊于禹曰 惟德 動天 無遠弗屆 滿招損 謙受益 時乃天道 帝初于歷山 往于田 日號泣于旻天 于父母 負罪引慝 祗載見瞽瞍 夔夔齊慄 瞽亦允若 至誠 感神 矧玆有苗 禹拜昌言曰 兪 班師振旅 帝乃誕敷文德 舞干羽于兩階 七旬 有苗格〕

덕德이란 우주의 마음, 즉 우주의 법칙이라 할 수 있는 진리가 내 안에 들어온 것을 이르는 말이라 하였다. 그 진리를 달리 표현하면 빛이요, 생명이며, 사랑이라 한다고도 하였다. 유교적 언어로는 인仁이다. 그 사랑, 즉 덕의 힘은 현대적인 언어로 표현할 때 핵폭탄보다 더 큰 위력을 가지고 있다. 그러면서도 눈보다 더 부드럽고 햇빛보다 더 따뜻하다. 그러므로 덕 앞에서는 모든 사람의 마음이 온유해질 수밖에 없다. 상대가 칼을 빼어들면 그 칼에 맞서 더욱 더 강력한 무기로 무장을 하려는 것이 사람의 마음이다. 그러나 상대가 사랑이란 이름의 덕으로 나타나면 한없이 미안하고 또 감사하게 된다. 이유도 모른 채 모든 무장을 해제하게 된다. 경직되었던 마음이 녹아 부드러워지고 날이 섰던 모든 말과 행동이 무뎌지게 된다. 바늘 하나 꽂을 자리가 없었던 사람이라 할지라도 바다처럼 넉넉해진다. 그것이 바로 덕의 힘이다.

따라서 익益이란 신하는 병사와 무기로써 유묘를 정복하라는 명령을 받들고 있는 우禹에게 충심으로 아뢰는 것이다. 만약 자기가 상대보다 더 힘이 센 것을 믿는 교만에서 무기를 빼어들면 아무리 상대가 약하다고 할지라도 죽을힘을 다 해서 맞서게 된다. 그러므로 결국 서로 상처만 남을 뿐 진실로 복종시킬 수 없음을 설명한다. 오히려 자기가 덕이 부족해서 상대를 복종시키지 못함을 인정하고 모든 원인을 자신 탓으로 돌린다. 그 길만이 진정으로 상대방의 마음을 얻게 된다고 한 것이다. 즉 내 안에 들어와 있는 하늘인 덕으로 돌아갈 때만이 상대방에게 들어가 있는 하늘인 덕과 만나게 된다. 그리하여 어떠한 시간과 공간에 처했다 할지라도 통하지 못하는 곳이 없다. 위의 글에 나타나 있지는 않지만 결국 익益의 건의가 받아들여져 순임금의 신하였던 우禹는 병력을 철수하여 순임금에게 고했을 것이다. 오직 덕으로 유묘를 굴복시키는 길만이 진실로 그들을 복종시키는 방법이란 것을 말이다. 우의 말을 좇아 순임금은 덕으로써 정사를 돌보았을 뿐이지만 유묘가 제 발로 걸어와 항복하게 된 것이 그 증거이다.

4. 『대학』의 삼강령

『서경』「고요모」편에도 또한 덕화德化에 의한 친민의 내용이 실려 있다.

고요가 말하기를, "진실로 그 덕을 실행하면 도모하는 것이 밝아지며 보필하는 자가 화할 것입니다"고 하였다. 우禹가 말하기를, "네 말이 옳다. 어떠한 것인가?" 하자, 고요가 말하기를, "아! 훌륭하십니다. 몸을 닦음을 삼가며, 생각을 영원하게 하며, 구족九族을 돈독하게 펴며, 여러 현명한 이가 힘써 도우면 가까운 데부터 먼 데에까지 미루어 나감이 여기에 달려 있습니다"고 하니, 우가 창언(昌言, 좋은 말=善言)에 절하며, "네 말이 옳다"고 하였다.
〔曰若稽古皐陶 曰 允迪厥德 謨明 弼諧 禹曰 兪 如何 皐陶曰 都 愼厥身修 思永 惇敍九族 庶明 勵翼 邇可遠 在玆 禹拜昌言曰 兪〕

덕이란 빛이며 생명이고 사랑의 다른 이름이라 하였다. 그러므로 덕을 실행한다는 것은 밝은 지혜로써 사랑의 정치를 편다는 뜻이다. 내 욕심을 앞세워 일을 하게 되면 욕심 때문에 밝게 보지 못한다. 그러므로 도모하는 일이 잘 보이지 않는다. 그러나 내 안에 있는 진리인 사랑의 마음으로 정치를 하게 되면 모든 업무에 사적인 욕심이 개입하지 않게 된다. 욕심이 개입하지 않으면 도모하는 일이 잘 보이게 된다. 욕심이란 어둠이고, 덕의 다른 표현이 빛이라고 하였다. 그러므로 어둠에 가리면 변별력이 떨어지게 되고 밝은 빛으로 사물을 비추면 통찰이 되게 마련이다. 덕의 지혜란 그와 같이 사물을 통찰할 수 있게 하는 능력이기도 하다. 그뿐만 아니라 덕의 빛은 사랑이므로 상대방은 물론이거니와 아랫사람들의 마음을 따뜻하게 녹여주는 힘이 있다. 따라서 마음이 넉넉해진다. 보필하는 자가 화한다는 말은 바로 아랫사람들이 마음으로부터 순종하여 따르게 된다는 뜻이다.

거듭 말하지만 친민親民이란 이와 같이 사람이 깨달음을 얻어 사랑으로 교화한다는 것을 의미한다. 깨달았다는 뜻은 내면의 근원인 사랑의 힘을 온전히 드러낼 수 있게 되었다는 말이다. 내 마음의 뿌리는 우주의 마음과 연결되어 있고 우주의 마음은 곧 사랑이기 때문이다. 사랑은 곧 생명의 실상이므로 생명이라고 할 수 있다. 기독교에서 하느님은 사랑이라고 하는 말이 바로 그것이다. 하느님=사랑인 것이다. 사랑이 바로 하느님이므로 사랑이 바로 창조주인 것이다. 만물은 사랑에 의해 생성되고 소멸되는 것이다. 모든 것을 낳고 기르는, 모든 것을 살리는 것의 총칭이 바로 사랑이다.

불교에서는 이 사랑을 일러 뭇 의사들의 왕이란 뜻으로 의왕醫王이라고 한다. 사람의 병을 고치는 사람이 의사인데, 의사 가운데 가장 완벽하고 뛰어나서 최고인 사람이 바로 의왕이다. 의왕은 고치지 못하는 병이 없다. 생명의 실상이야말로 모든 기적을 일으키는 근원이다. 다 같이 그저 생수生水를 먹었어도 마음의 근원을 굳게 믿는 사람과 의심을 일으키는 사람은 치료 경과가 다르게 나타날 수밖에 없다. 마음의 근원을 굳게 믿는 사람은 생명의 근원에서 퍼 올리는 생명의 빛이 그를 감싸게 한다. 생명의 빛은 모든 것을 생명력으로 감싸게 되고, 결국 모든 장애를 온전하게 돌려놓는 힘으로 작용한다. 무엇으로 그것을 가능하게 하는가? 감로수로써 가능하게 한다. 감로수는 관세음보살님(자비의 별칭, 곧 사랑)이 들고 계신다. 관세음보살이 곧 사랑이요, 자비인 것이다. 즉 자비로써 고친다. 자비란 우주의 에너지인 생명의 기운이다. 생명의 기운은 끝이 없다. 활력活力 그 자체이므로 기적처럼 만 가지 병을 다 다스린다. 그러므로 뭇 의사 가운데 가장 훌륭한 의사이며, 가장 탁월한 의사이며, 못 고치는 병이 없는 의사인 의왕이라 한 것이다.

우리가 사는 이 세상은 만들어 놓은 원칙이 엄청나게 많다. 먹고 마시는 것도 예외가 아니다. 기초식품5군이란 것이 있는데 이른바 탄수화물, 단백질, 지방, 칼슘, 비타민이다. 이것들을 먹지 않으면 영양의 불균형이 온다고 하는 설도 인간이 만들어내었다. 그런데 재미있는 건 죽도록 열심히 챙겨먹은 사람이 암으로 죽는가 하면, 산간벽지에서 김치만 먹고 평생을 산 사람은 만수무강萬壽無疆하는 경우가 있다는 점이다. 이것이 의미하는 바가 무엇이겠는가. 사람으로서 알 수 있는 영양소에는 한계가 있다는 뜻이다. 즉 사람이 알 수 없는 영양소가 따로 있다는 뜻이다. 사람은 알 수도 없고 과학적으로 검증은 더더욱 불가능한 영양소가 바로 만병통치약인 감로수이다. 그 감로수가 사랑이다. 우주의 마음이 되면 비로소 온 몸을 적시며 본질을 드러내는 것이 감로수이다. 그 감로수로써 중생을 고치는 의사가 바로 생명의 실상인 우주의 본질이다. 따라서 명명덕 이후에 친민을 한다는 것은 진리를 얻은 사람이 전제되어야만 비로소 말이 성립된다.

진리를 얻은 사람(성인)은 어둠이 걷힌 사람이다. 진실한 사람이다. 사랑이 되어 따뜻한 온기를 전하는 사람이다. 성실한 사람이자 진실한 사람이다. 빛을 뿜어내는 사람이다. 그러므로 외롭고 각박한 사람이 성인을 만나면 그를 통해 저절로 사랑의 온기를 느끼게 된다. 그럼으로써 외로움과 각박함이 치유되어 너그러운 본래 모습으로 돌아간다. 너그럽다는 것은 넉넉하다는 말이다. 넉넉하다는 말은 편견에서 자유로워졌다는 말이다. 그러므로 이웃이 더 이상 남이 아니게 된다. 따라서 너그러운 사람이 되면 이웃과 함께 하고 나누는 사람이 된다. 슬픈 사람이 성인을 만나면 그를 통해 충만한 에너지를 받음으로써 안정을 얻고 평화를 얻는다. 안정과 평화를 얻게 되면 더 이상 슬픈 기운을 뿜지 않게 된다. 화난 사람이 성인을 만나면 그의 무한한 지원과 신뢰를 받음으로써 순한 양처럼 변한다. 모든 화난 감정이 녹아버린다. 순해졌으므로 더 이상 화낼 대상이 사라지게 된다. 두려움에 떨고 있는 사람이 성인을 만나면 마치 고향에 돌아온 듯, 어머니 품에 안긴 듯 평안과 용기를 얻게 된다. 평안을 얻었으므로 더 이상 두려워할 대상이 없어지고 대신 희망이 용솟음치게 된다.

이러한 모든 것들은 바로 생명의 실상인 사랑이 온 누리에 축복으로 내림으로써 가능한 것이다. 그러므로 성인에게는 대적할 무엇도 없어진다.〔仁者無敵〕그 사랑의 힘이 바로 성인의 덕력德力이고, 그것을 통해 주변이 변화하는 것을 '덕화德化를 입었다'고 한다. 그렇게 주변 사람들이 덕화를 입게 되어 모두 국민과 성인이 하나가 되는 것이 바로 친민이다. 그리고 친민을 통해 마침내 지어지선에 이르게 된다.

3) 진리의 세계에 머물다 = 지어지선 止於至善

지금까지 『대학』의 삼강령에서 첫 번째인 자신의 본래 모습이라 할 수 있는 '밝은 덕을 밝힘'에 대해 설명하였다. 그 다음은 두 번째인 우주의 마음이자 사랑의 마음〔덕의 힘〕을 바탕으로 주변 사람들, 더 나아가 모든 국민들이 사랑의 마음을 회복하도록 인도하는 친민에 대해서 또한 알아보았다.

그 다음 단계는 마치 불교의 가르침이 불국토(佛國土, 극락정토)의 건설을 목표로 하듯이, 유교 역시 이 세상에 곧바로 이상사회건설을 실현하는 것이라 할 수 있다. 유교의 이상사회는 바로 대동大同사회이다. 그리고 유교에서 가장 이상사회로 일컬어지던 시기는 요순堯舜시대였다. 요순시대란 요임금과 순임금이 정사를 돌보던 시대를 말한다.『맹자』에는 맹자가, 말만 했다 하면 요순을 칭했다고 되어 있다. 또 요임금과 순임금은 오직 임금자리에 앉아 있기만 했을 뿐 한 일이 없다고 되어 있다. 어찌 한 일이 없었겠는가. 정사를 잘 돌보았으므로 나라 전체가 모든 일이 순조롭고 평화로워 굳이 다스리는 주체와 다스려지는 객체를 논할 필요조차 없는 데서 비롯된 말이었을 것이다. 대체로 알고 있는 격양가擊壤歌 역시 요순시대에 불렀다는 노래이다. 그 내용이 '해 뜨면 일하고 해 지면 쉬고, 우물 파 물 마시고 밭 갈아 내 먹으니 임금의 혜택이 내게 무엇이 있다던가'이다. 그것만 보더라도 얼마나 태평성대였는지 알고도 남음이 있다. 그러므로 사람들은 그들을 다스리는 임금이 누구인지조차 몰랐고, 또 알고자 하는 관심도 없었다고 한다.

이와 같이 진리의 마음 안에서 살아가는 상태, 즉 남이 잘되는 일이 곧 내가 잘되는 일이고, 또 내가 잘되는 길이 남도 잘되는 길이 되는 것, 즉 나와 남이 서로 투쟁하고 경쟁하는 것이 아닌 서로를 살리는 것을 선善이라 한다. 대립이 아닌 소통의 사회를 선이 실현되는 사회라 한다. 이곳은 선한 삶인데 저곳은 불선不善한 삶이 아닌, 모두가 선한 삶의 연속선일 때 지선至善이라 할 수 있다. 따라서 지극히 선한 세계, 즉 진리의 세계에 다 함께 머문다는 것은 대동사회를 실현한다는 뜻이라 할 수 있다. 대동사회에 대한

4.『대학』의 삼강령

구체적인 내용은 『예기』 「예운」편에 잘 설명되어 있다.

대도大道가 행하여지는 세상에서는 천하를 공공公共의 공유물로 삼는다. 현명하고 능력이 있는 자를 뽑아서 충忠과 신信을 강론하고 화목의 도道를 닦게 한다. 그래서 사람들은 유독 자기의 어버이만을 친애하지 아니하고, 유독 자기의 자식만을 친애하지 아니하여 노인으로 하여금 안락하게 그 수壽를 마치는 바가 있게 하고, 젊은이로 하여금 충분히 자기의 역량을 사용하는 바가 있게 하고, 어린이로 하여금 안전하게 길러지는 바가 있게 하고, 홀아비·과부·부모 없는 고아·자식 없는 외로운 사람과 그리고 불치의 병에 걸린 사람들이 모두 부양되는 바가 있게 한다. 남자는 일정한 직업이 있고, 여자는 시집갈 곳이 있다. 재물은 함부로 사치스럽게 쓰이는 것은 좋아하지 않으나, 그렇다고 해서 자기 한 사람의 사유물로 감춰두고 쓰지는 않으며, 역량은 그것이 발휘되지 않는 것은 좋아하지 않으나, 그렇다고 반드시 자기 한 사람만을 위해 사용하지는 않는다. 그러므로 간사한 모의는 닫혀져서 일어나지 아니하고, 도둑 절도범이나 사회를 어지럽히는 무리는 생겨나지 않는다. 그러므로 대문을 잠그지 않고 안심하고 생활한다. 이것을 대동(大同, 크게 하나된)의 세상이라 한다.

〔大道之行也 天下爲公 選賢與能 講信脩睦 故人 不獨親其親 不獨子

其子 使老有所終 壯有所用 幼有所長 矜寡孤獨 廢疾者 皆有所養 男有分 女有歸 貨惡其棄於地也 不必藏於己 力惡其不出於身也 不必爲己 是故 謀閉而不興 盜竊亂賊而不作 故外戶而不閉 是謂大同〕

  대동사회의 전제조건은 바로 도가 실현되는 사회이다. 도가 실현되는 사회는 국민 모두가 진리의 마음으로 살아가는 사회이다. 국민 모두가 진리의 마음으로 살아가는 세상은 '너'와 '나'로 분열된 사회가 아니다. 소유하였으되 소유하지 아니하고, 버리되 버려지지 아니한 사회이다. 비록 개인의 소유물이 있다고는 하나 그것이 개인의 소유물로 집착되지 아니하므로 어느 누구에게든 사용될 수 있는 가능성이 열려 있다. '나'라고 하는 의식을 버렸으나 결코 그 '나'가 함부로 취급당하지 아니하는 사회이다. 천하의 모든 것은 각각의 의미로 존재하므로 그 의미에 따라 이쪽에서 저쪽으로 저 사람에게서 이 사람에게로 언제든 바른 쓰임을 따라 이동하게 된다. 따라서 임금이라 할지라도 그 임금의 사적인 욕심에 따라 함부로 결정하는 일이 없다.

  다시 말해서 임금은 임금의 자리를 세습할 수 없다는 뜻이다. 그러므로 현명하고 능력이 되는 사람을 뽑아 자신의 바른 마음을 쓰는 법〔충〕과 대인관계에 있어서 내 마음처럼 신뢰하는 법〔신〕을 가르쳤다. 그럼으로써 국민들이 화목하게 지내는 방법을 터득하게 하였다. 따라서 그 가르침을 들은 사람들은 내 어버이와 남

4. 『대학』의 삼강령

의 어버이를 사랑함에 있어 편벽되게 치우치지 아니한다. 내 자식과 남의 자식을 두루 사랑하며 주변의 모든 노인들이 천수를 누리고 임종을 편안히 맞이하도록 보살핀다. 그뿐만 아니라 젊은 사람들은 모두 나름대로 일터에서 자신의 재능을 발휘할 수 있도록 도와주었다. 어린이들은 안전하게 길러지도록 도와주었다. 홀아비나 과부 및 고아들을 포함한 모든 외로운 사람들과 불치의 병에 걸린 사람들이 모두 잘 보살펴질 수 있도록 한다. 모든 재물이 함부로 쓰여지지 않도록 하는 동시에 한 개인의 사유물로 감추지도 못하게 하며, 모든 사람들의 역량은 전체를 위해 적절하게 발휘하도록 한다. 그러므로 타인을 밟고 올라서려는 사람이나 조직을 와해시키려는 사람들은 자취를 감추게 된다. 따라서 나와 남을 구별짓고 도둑이나 강도를 염려하는 데서 비롯한 울타리가 사라지게 되는데 이러한 사회를 크게 하나된〔大同〕사회라 한다. 그리고 대동사회가 바로 지극히 선한〔至善〕세계에 머무는 이상사회의 완성이다.

그러나 아무리 공자나 맹자의 가르침이 훌륭하다고 하더라도 흘러간 과거의 윤리에 머문다면 현실에 있어서 무슨 의미가 있을 것인가. 과연 진리라고나 할 수 있을 것인가? 단지 공허한 메아리에 불과하지 않겠는가? 탁상에 머물 수밖에 없는, 즉 생명력을 담보하지 않는 진리는 있을 수 없다. 이 점에서 유교도 예외일 수 없다. 그 때문에 현대를 살아가는 우리 모두는 종교의 가르침에 대해 과감하게 과학적 접근을 시도하는지도 모른다. 물론 과학적 접근에도 한계가 있기는 하지만 현재 사방 곳곳에서 진행 중이기도 하다. 그리고 과학적으로 입증된 가르침은 종교를 초월하여 실제 생활에 응용되고 있기도 하다. 요가나 명상만 하더라도 그렇다. 그것이 마음과 몸에 미치는 효과가 과학적으로 입증됨으로써 스트레스가 많은 현대인들의 사랑을 받고 있다는 점은 누구도 부인할 수 없을 것이다. 그러한 시도는 마음 학문(心學)에 있어서도 예외가 아니다. 비록 아직은 과학이 종교를 검증하기에 충분히 발달하지 못했다 할지라도 그 작업은 계속될 것이다.

이러한 필자의 견해에 일부 종교를 업으로 삼는 사람들은 심각한 우려나 비판을 가할 수도 있다. 그러나 신神이 어디에 있는 것인가? 대다수의 경전들은 신이 무소부재(無所不在, 있지 않은 곳이 없다)라 한다. 그렇다면 그 신이 인간의 내면에도 존재할 수 있지 않겠는가. 볼 수 없다거나 설명할 수 없다고 해서, 또 접근을 허용할 수 없는 영역이라 해서 그 작업 자체를 거부할 필요는 없다.

허공이 티끌을 마다할 것인가?

이와 마찬가지로 진리는 모든 것을 수용한다. 그것은 진리가 모든 것 안에 있기 때문이다. 과학 안에서 진리가 자유로울 수는 없을지라도 진리 안에서 과학이 자유로울 수 있는 것은 그 때문이다. 그러므로 현대과학이 아무리 발전하였다 할지라도 불교를 비롯한 유교경전을 잘 들여다보면 현대과학과 연계할 만한 단서가 있게 마련이다. 공자의 말 가운데도 천문학이나 정신물리학과 연계될 수 있는 언어들이 있다. 따라서 고대에서부터 과학이란 언어는 없었을지 모르나 과학의 실제는 있었다고 보아야 마땅하다. 그 내용은 고스란히 맹자를 비롯한 후대의 수많은 선각자들에게 이어져왔다. 그 가운데 맹자의 '호연지기浩然之氣'는 말 그대로 우주의 마음, 즉 진리를 생생한 생명력으로 표현한 탁월한 언어라 하지 않을 수 없다. 따라서 필자는 비록 다소의 비약이 있을 수는 있겠으나 맹자의 '호연지기'를 통해 행복론의 맥을 이어보고자 한다.

5. 맹자와 호연지기

 세상에는 달변가가 참으로 많다. 그들은 모두 세련된 어휘와 치밀한 논리구조, 그리고 적절한 비유라고 하는 탁월한 언어 감각을 지녔다. 그리고 그것을 통하여 그들과 견해를 달리하는 여러 이론들을 제압함으로써 뭇 사람들의 지지를 받게 된다. 그런데 제 아무리 뛰어난 달변가라 할지라도 맹자만한 사람이 또 있을까?
 필자는 처음 맹자를 접했을 때의 기억을 지울 수 없다. 맹자는 그 당시 그에게 대항해 왔던 잘 나간다는 식자층들의 궤변을 오직 바름(진리)의 힘으로써 보기 좋게 모두 항복시켰다. 그가 얼마나 핵심을 잘 찌르는지 혀를 내두를 지경이다. 마치 변론을 무척 잘 하는 천하제일의 변호사를 보는 듯하다. 물론 장자와 혜시의

대화를 보면서도 비슷한 느낌을 가졌었다. 두 사람이 다 진리의 터득에서 비롯되는 언어마술사이겠으나 장자와 맹자는 분명 차이가 있었다. 장자를 읽으면 그 기발함에 무릎을 '탁!' 치게 되는 탁월한 말재주를 실감하게 된다. 따라서 다소 엉뚱하고 맹랑하다는 느낌이 든다. 천재를 대하는 느낌이랄까? 반면 맹자는 매사에 마음을 다하고 있다는, 즉 진심이 느껴졌다. 비유하자면 잘 정돈된 갓과 도포를 걸친, 덕과 깊은 학식을 겸비한 선비를 대하는 느낌이었다. 그러므로 그 둘은 진리에 대한 접근 방식 또한 다를 수밖에 없었을 것이다.

흔히 유학儒學 사상사에서 맹자는 혁명가로 불려진다. 임금이 임금답지 않으면 바꿀 수도 있다는 생각은 파격 그 자체였기 때문이다. 그렇지만 그 파격은 공자의 사상 속에 이미 실마리가 내포되어 있었다고 할 수 있다. 정치를 한다면 어떻게 하시겠느냐고 묻는 자로의 물음에 '반드시 명분을 바로잡겠다正名'고 한 공자의 대답이 그 증거이다. 명분을 바로잡는다는 것은 바로 무엇 '답다'고 하는 다움의 철학이라 할 수 있다. 그것이 훗날 맹자에게 이어져 임금이 임금답지 않으면 바꾸어서라도 임금다운 임금을 앉혀야 하는 당위성에 명분을 주는 것이라 할 수 있다.

사실 명분을 바로잡는다고 하는 것을 공자의 사상이라고 주장하는 것은 무리가 있을 수도 있다. 진리의 핵심을 꿴 사람, 다시 말해서 일이관지一以貫之가 된 사람이라면 온 천지가 다 제 이름

값으로 살아가고 있음을 모를 리 없기 때문이다. 소나무는 소나무로 살아가고 단풍나무는 단풍나무로 살아간다. 장미는 장미꽃의 향기를 내고 민들레는 민들레꽃 향기를 피워낸다. 호랑이는 호랑이 짓을 하고 원숭이는 또 원숭이 짓을 한다. 그것이 자연이다. 누가 있어 이래라 저래라 하지 않지만 저 나름의 몫을 묵묵히 수행하는 것, 그것이 바로 진리의 현현(현실로 드러냄)이 아니겠는가.

일반적으로 사람이 가장 위대한 존재라고들 하지만 뒤집어보면 오히려 가장 어리석은 짓을 하는 존재라고도 말할 수 있다. 생각과 행동이 별개로 살아가고 몸은 여기에 있어도 마음은 어디를 헤매고 있는지 도무지 알 수 없는 존재들이 바로 사람이기 때문이다. 그러므로 자연의 입장에서 보면 정명正名사상은 임금이 임금답고 신하가 신하다우며 아버지가 아버지답고 자식은 자식답고 등으로 사람을 세분하기보다는 차라리 '사람은 사람다워야 한다'고 하는 편이 무방할 것이다. 그렇다면 사람답다는 것은 어떠한 것인가?

맹자가 사람답기 위한 방법으로써 제시한 것은 구방심求放心, 즉 '잃어버린 마음을 찾는 것'이었다. 진실로 잃어버린 본래의 마음을 찾았을 때 맹자가 그토록 말하기 어렵다고 하던 '호연지기 浩然之氣'는 저절로 내면에 충만하게 되는 것이다. 지금부터 맹자의 이야기 속으로 들어가 보기로 한다.

5. 맹자와 호연지기

1) 잃어버린 마음을 찾아라

맹자는 "사람들은 자신이 기르던 닭과 개가 도망가면 찾을 줄을 알지만 정작 자신의 마음을 잃어버리고서는 찾을 줄을 모른다〔人有鷄犬放則知求之 有放心而不知求〕"고 한탄하였다. 또 "자신의 무명지 하나 정도가 굽혀져 펴지지 않는다고 하더라도 그것이 아프거나 일하는 데 방해가 되지도 않지만, 만약 그 손가락을 펴주겠다는 자가 진나라나 초나라에 있다고 하여도 멀다 않고 찾아갈 것〔今有無名之指 屈而不信 非疾痛害事也 如有能信之者 則不遠秦楚之路〕"이라고도 하였다. 공자 역시 "잡으면 보존되고 놓으면 잃어버려서, 나가고 들어옴이 정한 때가 없으며, 그 방향을 알 수 없는 것은 오직 마음을 두고 말한 것〔今有無名之指 屈而不信 非疾痛害事也 如有能信之者 則不遠秦楚之路〕"이라 하였다.

도대체 마음이란 무엇인가? 적어도 자신의 육신을 주재하는 실재가 바로 마음 아니겠는가. 그런데 그 마음이 공자에 의하면 시도 때도 없이 출입이 잦아서 어디로 갈지 그 향방을 알 수 없다는 것이다. 제아무리 자신의 마음을 꼭 붙들고 있었다고 하더라도 잠시 잠깐 찰나 방심하면 이미 어디론가 엉뚱한 곳을 헤매기 일쑤이다. 이미 마음을 놓쳐버리고 나면 주인을 잃은 육신은 나아갈 방향을 잃게 된다.

가령, 밥 먹던 사람이 마음을 놓치고 나면 밥맛을 알지 못하게 되고, 공부하던 사람이 마음을 놓치고 나면 더 이상 공부를 하는 것이 아니다. 길을 가던 사람이 마음을 놓치면 엉뚱한 길을 가게 되거나 심지어 사고가 날 수도 있다. 요리를 하는 사람이 마음을 놓치면 음식을 망치는 데 그치지만 운전자가 마음을 놓치면 죽음에까지 이를 수도 있다.

반면에 마음을 단단히 붙든 사람은 제 갈 길을 알고 가게 된다. 바른 길이 정확히 보이지 않을지는 모르나 적어도 미혹되는 일은 없을 것이다. 설사 미혹 당했다 할지라도 금세 돌아올 줄 아는 사람일 것이다. 하물며 성인은 말해 무엇하겠는가. 한 치도 오차가 없이 다잡아 마음을 놓치는 일이 없는 사람을 일러 성인이라 한다. 아예 다잡는다는 의식조차 없지만 항시 제 정신으로 있을 곳에 두고 살아간다. 지금 바로 이곳에 마음과 몸이 하나되어 살아가는 이가 바로 성인이다. 그렇게 마음이 몸과 하나가 되어 움직이는 것을 일러 삼매라 한다. 불교에서는 선禪이라고도 한다. 즉 마음을 한 치의 오차도 없이 그 있을 자리에 정확히 붙들어 맨 경우를 지칭하는 말이 바로 삼매이며 선인 것이다. 독서에 정확히 마음이 꽂혔으면 독서삼매이고, 참선에 꽂혔으면 선정삼매이다.

삼매에 들어 있는 동안은 시간과 공간이 사라지게 된다. 시간과 공간이란 사람이 만들어낸 개념에 불과하다. 즉 시간과 공간이란 내가 있고 상대가 있을 때 성립된다. 내가 있고 마주하는 상대가 있으면 공간이 성립되고 주체와 객체라고 하는 공간이 전제되어야 시간이 성립된다. 그러나 삼매란 나와 상대가 하나가 된 것이다. 책을 읽는 자와 책이 하나가 되고 참선을 하는 자와 진리의 세계가 하나가 된 것이 삼매이다. 따라서 삼매가 되면 시간은 더 이상 그 사람을 구속하지 못한다. 무한으로 늘려 쓸 수도 있지만, 또한 무한의 시간을 찰나로 줄여 쓸 수도 있다. 공간 역시 그러하다. 누구나 세상을 살면서 한 번쯤은 이러한 체험을 하건만 전혀 의식하지 못하고 살아갈 뿐이다. 아주 쉬운 예로 너무나 즐거운 순간은 왜 그리 짧은지 아쉬움만 남기지만 고통스러운 순간은 어찌하여 그렇게도 긴 지 알 수 없다. 몸 컨디션이 좋을 때는 몇 킬로미터쯤 걷는 일이 문제되지 않지만, 지쳐 있을 때는 지척이 천 리이기도 한 것이 또한 공간이다. 그뿐이겠는가. 하룻밤 꿈으로 한 세상을 살기도 하지만 몇 십 년 살아 온 세월을 돌이켜 보면 또한 하룻밤 꿈과 같은 게 삶이지 않던가.

그러므로 사실 삼매로 살아가지 못하는 모든 사람들은 이미 비정상이라 할 수 있다. 이 말이 심하게 들릴지도 모르지만 정상이 옳고 바름이라는 정의에 동의한다면, 우리는 대부분 틀림없이 비정상이다. 그러나 그렇게 어리석은 자가 바로 우리 사람인 것을 어찌하겠는가. 다만 마음이 제 몸에 붙어 있지 못한 시간이 상대적으로 길고 주체의식이 약하여 주변에 피해를 주는 데까지 이르는 사람이 있다. 이 경우가 의학적인 비정상이다.

비정상의 범주에는 우울증 환자나 다중인격인 사람도 포함된다. 이 가운데 우울증의 경우는 우리나라만 해도 현재 전체 사망

률 4위지만 머잖아 2위가 될 거라고 예측하는 상태이고 보면 보통 심각한 것이 아니다. 또 다중인격인 경우 역시 자해의 가능성이 높으므로 주변에 미치는 폐해가 심각하다고 할 수 있다. 어찌 자살이나 자해가 그 한 사람만의 문제이겠는가.

얼마 전 우연한 기회에 TV에서 다중인격에 대해 방영하는 것을 본 일이 있다. 학자에 따라 견해를 달리하고는 있지만 빙의와 비슷한 상태라고 할 수도 있는 다중인격 환자의 실상은 참으로 끔찍했다. 취재의도는 다중인격 환자를 구병시식 —불교의식의 하나로, 환자에게 깃들어 있는 또 다른 인격체를 제 갈 곳으로 보내주는 의식이다.— 이라는 의식을 통해 치유해 보고 그것을 과학적으로 규명해 보고자 시도한 것이었다. 구병시식 과정에서 환자에게 깃들어 있던 두 명의 인격체와 만날 수 있었다. 한 인격은 태어나지 못하고 그 여인에게 버림받은 낙태아이었고, 또 다른 인격은 그 여인에게 버림받고 자살한 남성(연인)이었다. 의식을 통해 자신이 버렸던 남성의 목소리를 들은 환자는 절규하며 온몸을 사시나무 떨듯 떨었다. 사실 세계적으로 다중인격(해리성장애)에 대한 연구는 매우 활발한데 전문가들에 의하면 다중인격 장애자가 인격을 바꿀 경우 신체조차 전혀 다른 사람으로 변한다고 한다.

마이클 텔보트의 『홀로그램 우주』에 소개된 사례 가운데는 말벌에 쏘여서 응급실에 실려 온 환자의 이야기가 있다. 그 환자가 응급실에 도착했을 때는 눈이 심하게 부어 있었고, 무엇보다도 고통을 심하게 호소하고 있었다. 그러나 안타깝게도 안과의사는 1시간 후에나 환자를 볼 수 있는 상태였다. 그렇다고 해서 안과환자를 비전문가가 치료할 수는 없었으므로 다중인격 장애 전문가인 프랜신 하울랜드Francine Howland는 그 환자의 인격을 바꾸어 보기로 했다. 인격을 바꾸자 놀랍게도 부었던 눈은 정상으로 회복되었으며 통증 호소도 사라졌다. 심지어 자신이 말벌에 쏘였던 사실마저도 모르는 무감각한 인격으로 돌아갔다는 것이다. 물론 한 시간 뒤에 응급실에 도착한 안과의사는 특별히 할 일이 없어진 상태였으므로 집으로 돌아갔다. 그러나 잠시 후 다시 말벌에 쏘였던 인격이 환자의 몸으로 돌아오자 눈은 다시 전처럼 부어오르고 극심한 통증을 호소하기 시작하였다는 것이다.

물론 우울증이나 다중인격(빙의 포함)과 같은 극단적인 경우를 예로 들기는 하였지만 이 모두는 마음을 놓아버린 경우라 할 수 있다. 대개 마음을 놓게 되는 경우는 '자아(나)'라고 하는 방어체계가 무너지면서 비롯된다고 할 수 있다. 그렇다면 자아란 무엇인가?

심리학이나 불교의 유식학, 혹은 정신물리학과 같은 자료를 근거로 유추해 볼 때, 자아란 하나의 사념체계(생각의 틀=유전정보)라 할 수 있다. 불교에서 말하는 '업業'이라고도 할 수 있다. 이러한 물질들 —사념이나 업, 혹은 에고는 과학적 차원과는 별개로 틀림없이 섬세한 물질에 속한다. 이 견해는 요가나 명상 차원의 접근이다. 그러므로 불교에서는 업이 있는 중생계를 유有의 세계로 분류한다. 욕계, 색계, 무색계가 있다. - 은 몸이라고 하는 물리적 바탕 위에서 견고한 틀을 다양하게 만들어낸다. 물론 그 틀은 물질이어서 변화무쌍하다. 즉 고정불변의 항상성이 없다는 뜻이다. -이 세상에 존재하는 모든 물질은 변한다. 제 아무리 단단한 그 무엇이라 할지라도 변화를 피해 고정불변의 실체로 존재할 수는 없다. - 쉽게 말해서 변덕이 많다는 뜻이다. 그 변덕의 틀을 통해서 모든 것을 보고 듣고 느끼고 말하고 생각한다. 그러므로 대개의 사람들은 일관성이 없을 수밖에 없다. 일관성이 있다고 한 들 그것은 좋든 나쁘든 자신이 만들어 낸 고집인 것이다. 고집은 우주로부터의 분리일 뿐이다. 본래부터 이 우주에는 어떠한 틀, 심지어 간격도 존재하지 않았으므로 개인이 만들어 분리시킨 울타리에 불과한 것이다. 그러므로 이러한 틀 안에서 비롯된 고집은 스스로를 어둡게 만들 뿐이다. 잠시 자신을 만들어내는 틀에 대해 생각해 보기로 한다.

가령 '얼굴이 동글동글하고 웃는 인상을 가진 사람은 대체로 착하다'고 하는 유전정보를 지닌 사람이 있다고 하자. 그런데 그가 어느 날 마침 인상이 동글동글하고 웃는 인상을 지닌 사람을 만났다. 그런데 진실로 그 사람이 기대를 저버리지 않았다면 원래 지니고 있던 유전정보를 더 굳어지게 만들어줄 것이다. 그러나 그와 반대로 얼굴은 웃고 있었지만 금세 강도로 돌변한 상황에 맞닥뜨렸을 수가 있다. 그렇다면 그 사람이 언제 어떻게 돌변

할지 모르는 유형이므로 조심해야 한다는 쪽으로 기존의 유전정보, 즉 생각의 틀이 순식간에 수정될 것이다. 또 과거에 어떤 사람을 만났을 때 그 사람이 매우 친절하고 또 성실한 사람이었다면 그 사람에 대해 내게 입력된 정보는 '이러이러한 사람은 매우 성실하고 친절'일 것이다. 그러므로 다음에 또다시 그와 비슷한 사람을 만나게 되면 자신에게 이미 입력된 정보를 바탕으로 그를 대하게 된다. 물론 이때는 그 사람이 자신에게 해를 끼친 적이 없었으므로 좋아하는 사람의 부류에 들어가게 된다.

이번에는 아주 반듯하고 깨끗한 이미지의 사람을 만났다고 가정해보자. 그 생김을 바탕으로 이미 기억되어 있는 정보에 의해 그의 정직성과 인격을 믿게 될 것이다. 하지만 그가 자신의 정보와는 다르게 아주 부도덕할 뿐만 아니라 파렴치한 모습을 보였다면 어떻게 될 것인가. 내게 입력된 정보와 다르게 행동한 그에 대해 깊이 믿었던 것 이상으로 분노를 느끼게 될 것이다. 역으로 아주 험악하고 비호감형의 사람을 만났을 때 역시 이미 저장된 정보에 의해 그를 싫어하게 되고 가급적 상대하지 않으려 들 것이다. 하지만 자신의 유전정보와 달리 그가 매우 인격적이고 또 도덕적인 사람이었다면 시간이 조금 걸릴지는 몰라도 결국 그를 좋아하고 신임하게 될 것이다.

이런 반응들은 음식이나 색깔, 냄새, 소리에 있어서도 예외가 아니다. 즉 그 사람의 후천적인 경험이나 선천적인 모든 정보는 그 사람의 틀에 해당한다. 그러므로 그 틀은 저마다 다를 수밖에 없다. 여기서 잠시 재미있는 필자의 실험을 소개하고자 한다.

필자에게는 아주 순박하고 영특한 조카가 한 명 있다. 지금은 비록 초등학교 고학년이 되었지만 여기에 소개하고자 하는 내용은 그 아이가 세 살이 막 넘었을 때의 일이다. 그 아이의 이름은 수호이다. 대개가 그러하듯이 수호도 네 살이 되기 전까지는 자아가 형성되지 않았었다. 따라서 사람들이 자신을 수호라고 부르므로 본인 역시 그 무렵엔 스스로를 호칭할 때 '나'로 부르는 대신 수호를 사용하였다. 즉 밖에 나갈 때도 '수호 나갔다 올게요'로 보고하던 때의 이야기이다. 하루는 밖에서 키가 큰 형들을 만났던 모양인데 태어나서 처음으로 '씨팔'이란 소리를 들었고 그 말의 위력이 대단하다는 것을 경험했던 모양이다. 집으로 들어온 수호는 화가 난다거나 불만이 생기면 서슴지 않고 그 말을 사용했다. 물론 올케는 경악을 했고 그 말을 사용하지 못하도록 혼을 냈다. 수호는 더욱 그 말에 대해 신뢰했고 사용영역을 넓혀가기 시작하더니 급기야는 엄마 협박용으로까지 이어졌다. 편의점이나 공공의 장소에서는 세칭 약발이 더 좋았다. 자신의 요구가 관철되지 않을 때마다, "엄마! 나 그럼 '씨~팔' 한다!"고 협박하였다. 그러면 엄마는 쩔쩔매면서 수호의 요구를 들어주었으니 수호로서는 대단한 무기를 하나 얻은 셈이었다. 이즈음 올케가 필자에게 상담을 했다. 아이가 옳고 그름을 알아듣는 나이면 교육으

5. 맹자와 호연지기

로 가능하겠지만 수호는 아직 그 말이 욕인지조차 모르던 나이였으므로 무작정 혼을 낸다고 될 일이 아니었다.

필자의 주문은 간단했다. 부모에게 당분간 연극을 하도록 하였다. 일단 무진장 화가 나서 서로 싸우는 시늉을 하면서 '이뻐!!'라고 서로에게 소리치라고 하였다. 반면 너무나 행복한 시늉을 할 때면 서로 부둥켜안고 '씨~팔'이라고 하면서 볼을 비비라고 했다. 그리고 가급적 행복한 연극은 조금만 하라고 요구하였다. 그뿐만 아니라 수호가 그 말을 사용할 때는 전혀 반응을 하지 말라고 하였다. 쩔쩔매지 않는 것은 물론 아예 관심조차 갖지 말라고 주문하였다. 올케는 곧 그 주문대로 행동하기 시작하였다. 처음에 수호는 반신반의했다고 한다. 자신의 가장 강력한 무기가 엄마 아빠에게선 전혀 엉뚱하게 사용되는가 하면, 더 기막힌 건 자신이 알고 있던 좋은 감정표현인 '이뻐'가 부모에게선 화날 때도 사용된다는 사실이었다. 수호는 엄청 당황하기 시작했다고 하였다. 그런데 그것도 잠시였다. 얼마 지나지 않아 올케에게서 기쁜 소식이 왔다. 드디어 수호도 화가 날 때면 '이뻐'를 사용하기 시작했다는 것이다. 그뿐만 아니라 그토록 끔찍했던 '씨팔'이란 단어는 수호에게서 서서히 잊혀져 가는 것 같다는 소식이었다.

이처럼 후천적인 학습은 경험을 통해서 이루어진다. 그러므로 저마다 다른 경험은 다른 모습의 틀을 만들어낸다. 어떤 이에게는 마른 모습이 최대의 미美가 되지만, 간혹 어떤 이에게 있어서는 적당히 살찐 모습이 매력이라 여겨진다. 어떤 이에게는 홍어 찜이 최고 맛난 음식이겠지만, 어떤 이에게 있어서는 산채山菜가 가장 맛난 음식일 수 있다. 어떤 이에게는 바이올린 선율이 가장 아름답게 들리겠지만, 어떤 이에게 있어서는 가야금이나 거문고 혹은 난타의 소리가 가장 행복한 음률일 수도 있다. 어떤 이는 푸른색에 목숨 걸지만, 어떤 이는 도리어 붉은색에 목숨 걸기도 한다. 어떤 이는 공부가 인생에서 가장 쉽고 행복한 일이겠지만, 어떤 이는 이 세상에서 가장 싫은 일이 공부일 수도 있다. 어떤 이에게 있어서는 축구를 잘하는 것이 인생 최대의 목표일 수 있으나, 어떤 이는 운동이라면 아예 담을 쌓고 살아가기도 한다. 산을 가장 좋아하는 사람이 있는 반면, 바다를 가장 좋아하는 사람도 있다. 이 모든 호오好惡와 취향은 시비를 판단하는 데까지 이어진다. 그것이 문제이다. 시비의 판단은 투쟁의 불씨가 되기 때문이다. 사람들은 대체로 취향이 다를 수 있다는 데는 동의한다. 그러나 시비문제에 맞닥뜨리면 무조건 기준이 하나라고 인식하게 되는 경우가 많다. 내가 옳다고 보는 시각이 상대방에게도 적용되지 않을 경우 그것을 좀체 인정하려 하질 않는다. 때문에 갈등의 불씨가 되고 급기야는 투쟁도 불사하게 된다.

그런데 재미있지 않은가? 우리가 4대 성인으로 꼽는 사람은 소크라테스, 공자, 예수, 그리고 불타(석가모니)이다. 이들은 모두 나름의 한계인 틀을 뛰어 넘어 그 의식이 우주와 합일되었던 사람들이다. 적어도 우주의식 안에서 나름대로의 언어를 통해 우주의 마음을 전했던 성인들이다. 그렇다면 그들의 언어는 사랑과 평등, 그리고 화해의 언어이지 않겠는가? 그런데도 그들의 언어를 읽는 자들은 저마다 자신의 영역만을 고집하고 그것을 따르지 않는 자들을 배척하고 심지어는 전쟁도 서슴지 않는다. 얼마나 아이러니란 말인가.

그들은 비록 한 곳, 즉 마음속 깊은 곳에서 울리는 우주의 마음으로, 우주의 언어로 "사랑하라!" "화합하라!"고 외쳤지만, 정작 요즘의 종교인들은 그들의 마음을 읽지 못한다. 오직 자신들의 틀 안에서 그들과 만나고 있었다. 그러므로 종교인들이 말하는 하느님이나 공자, 부처님은 진실한 부처님이나 공자, 하느님이 아니라 새로 만들어낸 우상에 불과한 것이다. 맹자가 하고 싶은 이야기도 여기에 있었던 것이다. '잃어버린 마음을 찾으라'는 말은 저마다의 내면에 존재하는 '진실'로서의 마음, 진리로서의 마음을 찾으라는 말이다. 공자가 말한 본성을 회복하라는 말이다. 시시각각 개입되는 욕심으로서의 마음, 즉 이기심이 아니라 본래 면목으로서의 마음인 천성을 드러내야 한다는 말이었다. 그렇다면 그것이 어디에 숨어 있기에 찾으라고 한 것인지가 의문일 것이다. 여기에서 맹자와 순자의 사상이 갈라지게 된다. 사람은 본래 다 천성이 순수하고 선하다고 맹자는 말하였다. 그의 이러한 주장은 『맹자』「고자상告子上」에 잘 드러나 있다.

2) 사람의 천성은 본래 아름답다

우산의 나무가 일찍이 아름다웠었는데, 큰 도시에 인접해 있기 때문에 도끼로 매일 나무를 베어가니, 아름답게 될 수 있겠는가. 그 낮과 밤이 자라나게 하는 것과 비와 이슬이 적셔주는 것에서 싹의 자라남이 없는 것이 아니지만, 소와 양을 (도끼로 베는 것에) 이어서 방목하므로, 그 때문에 저와 같이 번들번들하게 (민둥산으로) 되었다. 사람들은 그 민둥산이 된 것만 보고 일찍이 훌륭한 재목이 있은 적이 없다고 여기니, 이것이 어찌 산의 본성이겠는가?

〔孟子曰 牛山之木 嘗美矣 以其郊於大國也 斧斤 伐之 可以爲美乎 是其日夜之所息 雨露之所潤 非無萌蘖之生焉 牛羊又從而牧之 是以 若彼濯濯也 人見其濯濯也 以爲未嘗有材焉 此豈山之性也哉〕

맹자가 말하는 우산은 사람의 양심, 즉 본성을 비유한 것이다. 그 본성은 본래 아름답다고 말한다. 그러나 사람들과 부딪치면서 살아가는 동안 욕심을 부리게 된다. 욕심이 일어나면 본성은 마치 아름드리나무를 도끼로 베어내듯 할퀴어지고 상처를 입게 된다. 비록 그렇다고 할지라도 사람이 낮 동안이라도 안정하거나 쉬고, 또 밤에 잠을 자게 되면 조금은 그 상처가 아물게 된다. 그뿐만 아니라 다시 마음의 여유를 찾게 마련이다. 그런데도 그마

저 여의치 않으면, 즉 조금 자랄 수 있을 만큼의 여유도 허락되지 않으면 아예 이기심이 극에 달하게 되어 악만 남게 될 수도 있다. 그러므로 그 아름답던 본성은 자꾸만 숨어버리고 형편없는 모습만 사람들의 눈에 드러나게 된다. 따라서 사람들은 그의 현재 드러난 모습만 보고 원래부터 못되고 악한 사람이었다고 생각하게 되지만 그건 아니라고 말한다.

맹자는 사람의 심성은 본래 착하다고 하였으며 그렇게 주장하는 근거를 『맹자』「공손추 상公孫丑 上」에서 다음과 같이 말하고 있다.

> 사람들에게 모두 남에게 차마 그렇게 하지 못하는 마음이 있다고 말하는 근거가 되는 것은, 지금 사람들이 갑자기 젖먹이 아이가 금세 우물에 빠지려 하는 것을 보게 되면 모두 깜짝 놀라고 측은하게 여기는 마음을 가질 것이다.

젖먹이 어린아이는 우물에 빠지면 죽는다는 사실을 분별하지 못하는 나이의 아이를 말한다. 그 젖먹이가 기어가다가 막 우물에 빠지려는 것을 보게 되면 누구나 앞뒤 가릴 것 없이 우선 구해 놓고 보게 되는 것이 사람이다. 그가 비록 강도나 도적, 그 이상의 끔찍한 짓을 서슴지 않고 행하는 사람이라고 할지라도 말이다. 그와 같이 순간적으로 아이를 구해내는 마음에는 명예나 이익을 포함한 어떠한 바람이 있을 수 없다. 이것이 바로 사람은 누구나 근본적으로 따뜻한 사랑의 마음이 내재되어 있음을 뜻하는 분명한 증거라는 것이 맹자의 주장이다.

사실이 그렇지 아니한가. 실성한 사람이 아니고서야 천진무구한 어린아이가 위험에 직면한 순간을 보고서도 어찌 모른 체 할 수 있겠는가. 또 이와는 조금 다른 이야기가 되겠지만, 우리 내면에는 어쩌면 어린아이를 대할 때의 감회가 저마다 간직되어 있는 것은 아닐까 하는 생각도 든다. 아무런 갈등이나 투쟁이 개입되기 전의 동심이란 마치 우리가 떠나온 고향 같은 곳이다. 옛말에 '고향 까마귀만 만나도 반갑다'고 하는 것은 우리네 일상의 모든 이해관계를 떠날 수 있게 하는 어머니의 품 같기 때문일 것이다. 그러므로 어린아이의 천진무구한 눈동자를 대하고서도 동심으로 돌아가지 않는 사람은 드물다.

그런데 삶에서 그 고단한 발걸음을 잠시라도 머물게 하는 것이 어찌 천진무구한 눈동자뿐이겠는가. 길을 잃고 산 속을 헤매다 문득 맞닥뜨린 산 목련의 탐스런 자태나 깊고 깊은 옹달샘은 어떠한가. 황량한 바닷가 모래 바닥에서 마주친 한 떨기 해당화는 어떠한가. 고즈넉한 산사에서 맞는 오후의 나른한 평화는 어떠한가. 첫 새벽 아침을 열며 달려드는 붉은 해오름은 어떠한가. 지리산 대청봉에서 맞이하는 그 장엄한 해넘이는 또 어떠하던가. 애써 오른 대청봉에서 바라보는 동녘의 탁 트인 망망대해는

5. 맹자와 호연지기

어떠한가.

　그밖에도 이루 다 헤아릴 수는 없지만 우리가 한 순간 몸이 붙들리고 시간도 마음도 놓아버릴 수밖에 없는 것은 안식을 얻기 때문이 아닐까? 우리가 설혹 인식하고 살지는 않는다고 할지라도 붓다가 말한 것처럼 인생 자체가 고苦, 즉 고통이라면 적어도 앞의 예들에서는 삶이라고 하는 고통스러운 여정에서 잠시나마 벗어나기 때문이 아닐까? 그러므로 비록 짧은 한 순간의 안식, 즉 마음의 평화라고 할지라도 그 감동을 접한 이후는 새로운 삶의 활력을 얻게 되기도 한다. 그러한 잠시 동안의 체험이 삶에 활력을 주는 이유는 분명 천성에 다가섰기 때문에 얻어진 결과물일 것이다.

　우리 내면에 본래부터 내재되어 있었으나 이러저러한 잡념으로 마치 어두운 터널 저편 혹은 심연으로 가라앉았다가 잠시 잠깐의 정화를 틈타 천성이 살며시 고개를 내민 것이라고 할 수 있다. 천성은 그런 것이다. 아무런 잡념이 일지 아니하면 늘 그 자리에서 자기 몫을 다하지만 일단 잡념이 일면 어디론가 숨어버리는 것이 바로 천성이다. 비록 숨어버린다고 표현하였으나 물리학적으로 표현하는 길밖에 달리 방도가 없어 그렇게 표현하였을 뿐 숨는 것과는 거리가 먼 것이 또한 천성이다. 어차피 천성이란 물질이 아니기 때문이다. 다만 천성이 빛을 발하지 못하는 것일 뿐이다. 그 천성이란 이미 앞에서 설명하였던 것처럼 우주에 충만한, 즉 우주의 마음이기도 한 것이다. 우주의 에너지이며 빛이며 사랑인 것이다. 그러므로 아름답다고 한 것이다. 세상에 아무리 아름다운 것이 있기로서니 사랑만 한 것이 또 있겠는가? 불가능을 가능으로 이끌고, 죽음을 삶으로 이끌고, 부정을 긍정으로 바꾸는 등의 모든 것들은 오직 사랑을 통해서만 가능한 일이질 않는가? 따라서 천성, 즉 사랑이란 거대한 생명력이라고 표현되는 것이다. 이 거대한 생명력, 그것을 맹자는 호연지기浩然之氣라 하였다.

3) 호연지기, 그 넓고 큰 힘을 길러라

호연지기란 말은 이미 우리에게 있어서 매우 친숙한 단어이다. 어릴 때부터 조금 심약해 보이는 아이가 있으면 으레 주변 어르신들이나 선생님들께서는 '호연지기를 길러야 한다'고 충고를 하셨던 탓도 있다. 또 더러는 높은 산에 올라가 큰소리로 '야~호!' 하고 내려와서는 호연지기를 기르고 왔다고 말하는 이들도 있었기 때문이다.

그러나 필자의 경험에 비추어 대부분의 사람들은 호연지기의 뜻을 제대로 알고 사용하는 것이 아니었다. 그것은 대학생들도 예외가 아니었다. 필자는 강의 중에 호연지기에 대해 설명하는 대목에 이르면 짐짓 학생들에게 그 의미에 대해 묻곤 하였다. 그런데 십여 년 동안 제대로 대답한 학생은 단 한 명도 없었다. 하기야 말쟁이인 맹자조차도 호연지기는 설명하기가 어렵다고 했으니 더 말해 무엇하겠는가. 일단 『맹자』 「공손추상」편에 나타나 있는 호연지기에 대한 내용부터 살펴보기로 한다.

"감히 묻겠습니다. 무엇을 호연지기라 합니까?" "말하기 어렵다. 그 기氣라는 것이 지극히 크고 지극히 강하니 곧음으로써 기르고 해침이 없으면 하늘과 땅 사이에 꽉 차게 된다. 그 기는 의義와 도道에 짝이 되는 것이니 기가 없으면 굶주리게 된다. 기는 (내면에) 의를 축적해서 생겨나는 것이지 (밖으로부터) 엄습해서 취하는 것이 아니다. 행하고 마음에 만족스럽지 못함이 있으면 굶주린 것이다. 나는 그러므로 '고자告子가 애초에 의를 알지 못한다'고 말했던 것이니, (고자는) 의를 밖에 있는 것으로 여기기 때문이다. 반드시 (호연지기를 기르는 것에) 종사하되 효과를 미리 기대해 정해 놓지 말고, 마음에 잊지도 말며, 조장助長하지도 말아서 송宋나라 사람처럼 하지 말아야 한다. 송나라 사람으로서 벼의 싹이 자라지 못함을 안타깝게 여겨 (벼 싹을) 뽑아놓은 자가 있었는데, 멍청하게 돌아와 자기 집사람들에게 말하기를, '오늘은 피곤하다. 나는 벼의 싹을 도와서 자라게 했다'고 하자, 그 아들이 달려가 보니 벼의 싹은 말라죽어 있었다. 천하에는 벼의 싹을 도와서 자라게 하지 아니하는 자가 적다. 유익함이 없다고 생각해서 내버려두는 자는 벼의 싹에 김을 매지 않는 자이고, 억지로 조장하는 자는 벼 싹을 뽑는 자이니, 단지 유익함이 없을 뿐만 아니라 또한 해치는 것이다."

맹자는 호연지기가 지극히 크고 지극히 강하다고 하였다. 지극히 크다는 것은 비할 바 없이 크다는 뜻이다. 비교 상대가 없는 상태의 무한한 크기를 일컬어 지극히 크다고 한다. 그러므로 지극히 크다는 말은 호연지기보다 큰 것이 없다는 뜻이다. 그렇다면 호연지기의 크기는 이 우주를 감싸고도 남음이 있다는 뜻이 된다. 우주를 감싸고도 남는다는 말은 우주의 크기가 헤아릴 수 없는 것이므로 호연지기의 크기 역시 측량할 수 없는 크기라는 말이 된다. 이와 마찬가지로 지극히 강하다는 것 또한 비할 바 없이 강하다는 뜻으로 해석할 수 있다. 비할 바 없이 강하다는 말은 호연지기로써 그 무엇도 이기지 못할 상대는 없다는 말이 된다. 그 어떤 물질보다 강하고 어떤 세력보다 강하고 어떤 맹수보다도 강하고 어떤 질병이나 바이러스보다도 더 강하다는 말이 된다. 즉 호연지기만 있으면 못 고칠 병도 없게 되고 못 이길 상대도 없게 되므로 더 이상의 두려움은 모두 사라지게 된다. 그러므로 호연지기를 지녔다면 장부 중의 장부요 영웅 가운데 영웅이며 이 세상 만물 가운데 단연 으뜸이라고 할 수 있을 것이다.

지금까지 다루었던 내용을 통틀어 가장 완전한 존재에 필적할 대상이라고도 할 수 있다. 가장 완전한 존재는 물론 성인이었다. 성인의 영역은 평화와 자유를 얻은 자, 사랑으로 충만한 자, 생기가 넘치는 자, 모습에서부터 밝은 빛을 뿜어내는 자로 정의할 수 있었다. 그렇다면 호연지기를 지녔다는 것 역시 가장 강건하고 생기 있는 모습을 회복하게 되어 완전한 평화에 이르게 되었다는 말로도 이해할 수 있다. 독자들 역시 지금 바로 이 순간에 호연지기를 회복한 본인들의 모습을 한 번 상상해 보지 않겠는가! 진정 호연지기의 기상을 마음으로 떠올렸다면 생기, 즉 활력의 절정을 맛보게 되었을 것이다. 생각은 모든 것을 움직이는 힘을 지녔기 때문이다.

그런데 활력 가운데 으뜸은 소생일 것이다. 시들어 죽어가던 식물이 때맞춰 내려준 생명의 단비를 맞고 되살아나거나 심장이 멎어가던 환자에게서 다시 심장박동 소리를 듣는다면 그것은 분명 소생이다. 그러므로 소생이란 활력의 정점이라 할 수 있을 것이다. 즉 죽음을 삶으로 전환시키는 것이 바로 활력의 정점인 것이다. 유학사상에서는 생기(生氣, 생명의 기운)를 호연지기라 한 것이다. 맹자가 말하는 호연지기는 이처럼 잠시 동안 얻는 마음의 안식에 견줄 바가 아니다. 죽음을 삶으로 전환시키는 신비스러운 기적이다.

맹자는 이러한 호연지기를 직直으로써 기른다고 하였다. 직直이란 곧음이다. 곧다는 것은 어떤 것인가? 정직함이다. 곧은 길,

즉 정직한 길은 돌아가지 않는 길이다. 곧은 말, 즉 정직한 말은 만들거나 꾸며대지 않는 말, 즉 두 마음으로 하지 않는 말이다. 두 마음으로 하지 않는 말이란 계산이 들어가지 않은 말을 뜻한다. 계산이란 어떻게 하는 것이 더 나에게 이로운지를 생각하는 것이다. 이 편이 더 유익하다 싶으면 이 편으로 말하고 저 편이 더 이롭다 싶으면 저편에서 말하는 것이 바로 계산이 들어간 말이다. 그리고 정직한 행동, 즉 바른 행동은 교태나 아양, 혹은 거짓이 깃들지 않은 순수한 몸짓이다. 정직한 행동 역시 계산이 들어가지 않은 순수한 행동이다. 정직한 마음, 즉 바른 마음은 속이지 않는 진심이다. 참 마음이다. 내 본연의 순수한 참 마음이란 모두를 살리는 마음이다. 모두를 살리는 마음은 사랑의 마음이다. 사랑의 마음은 곧 우주의 마음이다. 따라서 직直으로써 기르고 해치지 않는다는 말은 본래의 모습이나 본연의 참 마음으로 되돌리되 그 본래의 마음이나 모습을 해치지 않는다는 말이다. 즉 계산하고 따져서 유익함을 좇아 행동하지 않음으로써 본연의 찬란한 마음, 즉 광휘(光輝=빛)가 드러나게 한다는 뜻이다. 그렇게 되면 호연지기가 천지 사이에 충만하게 된다고 하였다. 천지 사이에 충만하다는 말은 천지와 호연지기 사이에 입추의 여지가 없다는 말이다. 틈이 없다는 말이다. 틈이 없으면 곧 하나이다. 둘이 될 수 없다. 이 말을 되짚어 보면 호연지기란 없다가 생기는 것이 아니라는 뜻이다. 본래 천지 사이에 꽉 차 있지만 계산으로 인한 사심이

5. 맹자와 호연지기

나 거짓이 그것을 막는다는 뜻이 된다. 그 다음 말인 해침이 없다는 말 또한 사심이나 거짓, 혹은 계산이 개입되어 호연지기가 소통되지 못하게 함을 일컫는 말이다.

그 다음 맹자의 말, 즉 '호연지기의 기됨은 의와 도에 짝을 한다'고 하는 말은 호연지기와 도가 둘이 아닌 하나라는 뜻이다. 이 말을 다시 정리해 보면 다음과 같다.

천지 사이에는 무어라 할 수 없는, 알 수도 없는 무엇인가가 있다. 여기서 있다고 하는 말은 존재한다는 뜻이 아니다. 존재한다는 말은 인식 가능한 것이어야 한다. 그러나 여기서 말하는 있다는 의미는 인식으로 만날 수 없는 무엇인가를 의미한다. 그러므로 감각기관으로 감촉이 불가능하고 물질로 정의될 수 없는 무엇인가가 있다는 뜻이다. 그 무엇인가에 의해 천지가 운행되고 만물이 생겼다가 사라지고 계절이 만들어지고 한다. 즉 철저한 법칙에 의해 만물이 오고 가고 온갖 별들이 제 자리를 지키면서 질서 정연하게 움직인다. 이렇게 모든 것을 창조하고 거두며 제 자리에서 빛나게 하는 그것을 이미 앞에서 도道라고 하였다. 그 도라는 것이 이제 살아 움직이는 것 가운데 가장 강력하고 가장 큰 기운으로 표현되고 있는 것이다. 사람도 만물 가운데 하나이므로 사람이 나고 죽는 것도 그 기운으로부터 자유로울 수 없다. 그 기운에 의해 나고 움직이고 죽는다. 그런데도 왜 사람이 힘이 있기도 하고 없기도 한가? 이에 대해 맹자는 호연지기가 주려서 그렇다고 답한다. 사람의 사심이나 욕심에 의해 호연지기를 해쳐서 결국은 약하고 소심해진다고 한다. 결국 호연지기가 충만한 사람은 강한 사람이고 큰 사람이라는 뜻이 된다. 바꾸어 말하면 강하고 큰 사람은 거짓된 사람이 아니라 바른 사람이라는 뜻이다. 정직하여 마음에 티끌만큼의 욕망도 없이 오직 우주의 마음 그대로 본연의 모습을 갖출 때 비로소 호연지기가 충만한 사람으로 거듭나는 것이다. 따라서 맹자는 "호연지기는 의義를 축적해서 생겨나는 것이지 (밖으로부터) 엄습해서 취하는 것이 아니다. 행하고 마음에 만족스럽지 못함이 있으면 굶주린 것이다"고 한 것이다. 의란 바르고 마땅함인 것이며, 이미 본래 내면에 다 갖추고 있는 것이므로 호연지기를 축적함도 호연지기가 주림도 내면에서 비롯되는 것이지 밖에서 취하는 것이 아니라고 한 것이다.

이 같은 맥락에서 볼 때 호연지기를 기르는 일은 진리를 향하는 길이 되고 호연지기가 충만하다는 것은 천지와 하나가 된다는 뜻이므로 깨달음을 얻었다는 말, 즉 공자가 말한 '아침에 도를 들으면 저녁에 죽어도 좋다'고 하는 그 '문도(聞道=득도)'에 해당한다고 볼 수 있다. 따라서 맹자는 사람이면 누구나 호연지기를 기르는 일에 종사하고 한시도 그 일을 게을리하지 말라고 충고한다. 또 그렇다고 해서 조장해서도 안 된다고 한 것이다. 좀 더 구체적으로 설명하면 다음과 같다.

비록 순간일지라도 바름을 지키려고 노력하다 보면 점차 그

'바름〔의〕'을 지키는 시간이 늘어나게 될 것이다. 그러므로 지금 당장 하루나 이틀만에 바름을 잃었다고 해서 낙심할 필요는 없다. 다시 마음을 다잡아 하기를 오래하다 보면 점차 시간이 늘어나 며칠이 한 주일, 그리고 한 달로 이어지게 될 것이다. 맹자가 10년을 제멋대로 행하다가 하루를 그치고 그곳에 이르기를 바란다면 그 심함이 너무 크다고 한 것도 그 때문이다. 그리고 안연은 인을 지키기를 3개월이나 하였는데, 스승인 공자는 그를 높이 치하하였다. 3개월을 지킬 수 있었다는 것은 조금 더 노력하면 1년이나 10년 혹은 평생 지킬 수 있는 힘을 거의 다 완성했다고 보았기 때문일 것이다.

처음 며칠 지키는 노력은 힘들 수 있겠으나 며칠을 몇 주일로, 혹은 한 달로 이어가는 노력은 처음에 비해 힘이 덜 들 수도 있다. 왜냐하면 한 사람의 바람이 우주에 지극히 사무치게 되면 그 사람의 바람을 이루어주려는 기운이 점차 그 사람을 에워싸기 때문이다. 흔히 말하는 유유상종이 바로 그것이다. 밝음은 밝음을 부르고 어둠은 어둠을 부르며 따뜻함은 따뜻함을 부른다. 그러므로 지금 한 사람의 노력이 비록 미미할지라도 그 신념이 굳세고 의지가 굳건하면 이루지 못할 일이 없게 되는 것이다. '정신일도하사불성精神一到何事不成'이라고 하는 말은 바로 이 경우를 두고 하는 말이다. 유학의 가르침에서 핵심인 중中 역시 그 '하나'를 지키는 것이다. 공자가 인仁을 강조하고 맹자가 명덕明

德을 말하면서 '호연지기'를 기를 것을 강조한 것 역시 바꾸어 말하면 중中을 잡으라는 말이라 할 수 있다. 요임금과 순임금에서부터 공자는 물론이거니와 후세 현자들 역시 중을 지키기 위해 무던히 노력해 온 것만 보더라도 유교의 핵심은 중, 혹은 중용中庸이라 할 수 있다. 그러므로 중의 의미를 살피고 중용을 지킨다는 것이 진리를 실천하는 것과 어떻게 연결되는지 지금부터 살펴보기로 한다.

6. 중용예찬

중용은 주자의 해석처럼 "치우치거나 기울지 않으며 넘치지도 모자라지도 않은 상태"로 이해할 수 있다. 언뜻 보면 그 뜻을 이해하는 데 아무런 어려움이 없어 보인다. 즉, 가장 중용에 적합하게 사는 길은 '중간을 지키는 것'이 되기 때문이다. 그러므로 많은 사람들이 중간을 지키는 것으로써 스스로 중용을 잘 실천하고 있다고 믿는 것 또한 사실이다. 또, 어떤 사람은 '중용을 잘 지키면서 살기란 참으로 어렵다'고 말하기도 하는데, 그 실상을 알아보면 중간을 지키는 것이 어렵다는 한탄이다. 과연 그 말대로라면 선명한 것과 알 수 없는 것의 중간은 아는 것도 아니고 모르는 것도 아닌 것이 된다. 그러므로 분명하지 않은, 다시 말해서 이것도 저것도 아닌 상태로 남으면 될 것이다. 또, 아름다운 것도 그다

지 좋은 것이 아니고 추한 것도 좋은 것이 아니므로 과히 아름답지도, 그렇다고 보기 싫지도 않은 모습이 되면 될 것이다.

따라서 이러한 삶을 조금 비약해서 요약한다면, '선하거나 악하지 않은 모습'으로 그저 그렇게 어울려 살아가는 삶이 될 것이다. 사실 그러한 태도는 선택이 선명한 양극단의 비난을 유유히 빠져나가는 처세와 연결되기도 한다. 때문에 실제로 그것을 지향하는 대다수의 사람들은 '대세大勢를 따른다'는 말로 기준이 모호한 자신의 행동을 합리화하여 좋은 게 좋다는 식의 삶을 살기도 한다.

반면 어떤 사람들은 악착같이 선善 ―사실 선을 행한다는 것은 지극히 어렵다. 누구나 자신의 기준으로 선행을 하지만 그것이 때로는 악이 되기도 하기 때문이다. 심지어 악을 자행하는 것 같은 일이 오히려 결과적으로는 큰 선행이 되기도 한다. 그러므로 『주역』「계사전」에서는 도道의 작용을 따라가는 것으로써 기준을 삼아 선악을 구분한다. 즉 사람이 자신의 안목으로 결정한 선악이 선악이 되는 것이 아니라, 도道에 맞으면 선善이고 도에서 어긋나면 악惡이라는 것이다.― 을 고집하여 때로는 목숨을 걸기도 하는 치열한 삶을 살기도 하는데, 세상 사람들은 그들을 존경의 대상으로 삼는다. 이러한 태도는 중간을 지키기 위해 노력하는 사람들의 입장에서 본다면 분명 치우친 것임에 틀림없는 데도 말이다.

어쨌든 중용은 그것을 해석하는 사람에 따라 많은 차이를 보이는 것이 사실이다. 그러므로 중용을 실천한다고 굳게 믿는 사람이라 하여 그 행동이 과연 중용인지는 되짚어 보아야 할 일이다. 중용은 대개 생각하는 것처럼 그리 쉽게 이해할 수 있는 단어도 아니며, 또한 그것을 실천하기란 더더욱 어려운 일이기 때문이다. 그래서 옛날부터 수많은 학자들이 평생을 중용에 뜻을 두고 살면서도 오히려 미흡하게 여겼던 것이다.

그런데 필자에게는 대략 10여 년 전의 일로 기억되는 재미있는 추억이 한 가지 있다. 수행에 목말라 하던 중 우연히 충청도 속리산 깊은 골짜기에 위치한 수련장을 찾았었다. 겨울방학 기간이었으므로 우리 이전에도 많은 수련 팀이 다녀간 듯하였다. 수련이 중반을 넘길 때쯤이었던 것으로 기억한다. 너무나 훌륭한(?) 사회인이었던 우리 수련생들의 관념의 틀은 그야말로 넘을 수 없는 장벽처럼 수련원장님을 무겁게 압박하고 있었다. 그때 원장님은 우리 바로 전에 다녀간 초등학생 아이들 여섯 명의 수련담을 풀어놓으셨다.(오래 되어서 기억이 희미하여 필자 나름대로 정리하였다.)

수련 지도를 하던 중 원장님은 아이들에게 간식으로 귤을 주었는데 마침 귤이 8개밖에 없어서, "(숫자가 맞지 않으니) 잘 나눠 먹어라!"라고 당부를 하였다. 그리고 30분 정도 지나서 문을 열었더니 아이들은 각자 자신의 앞에 귤을 하나씩 놓고 방 한 가운데다 귤 2개를 놓고 열심히 토론을 하고 있었다. 너무

의외의 상황인 데다가 태도들이 사뭇 진지하여 들어가지 못하고 도로 문을 닫고 나왔다. 다시 1시간 더 지나서 문을 열었더니 이번에는 방 한가운데 8개의 귤을 모아놓고 토론을 벌이고 있었다. 재미있다고 생각한 원장님은 다시 1시간 뒤에 문을 열었는데, 어찌된 일인지 한 명의 어린이가 8개의 귤을 모두 먹고 있었다. 어이가 없어진 원장님이 그 연유를 물었는데 돌아온 답이 기막히다. 처음엔 원장님의 말씀을 액면 그대로 받아들여 모든 사람이 똑같이 나눠 먹으려 했다는 것이다. 그런데 6명이 하나씩 나눈 뒤 남은 2개의 귤이 문제였다는 것이다. 누구나 아는 일이지만 귤이란 똑같이 쪼개기가 어렵다. 작고 크기가 들쭉날쭉한 속살을 가지고 있기 때문이다. 그것을 알고 있는 아이들은 매우 난감해졌다. 따라서 어떻게 하면 6명이 2개의 귤을 잘 나눌 수 있느냐가 최대 쟁점으로 부각되었던 것이다. 그것이 처음 30분 후의 일이다. 그런데 1시간이 훌쩍 뛰어 넘도록 아무런 결론이 나질 않자 돌발 사태가 발생하였다. 귤을 싫어하던 한 어린이가 기권을 한 것이다. "난 귤을 좋아하지도 않는데 그것 갖고 토론하는 게 지겹다"고 한 것이다.

다음 문제는 5명의 아이들이 8개의 귤을 나눠야 하는 것이었다. 결국 3개로 5등분을 해야 하는 상황이다. 그렇게 또 시간이 흘렀다. 그 와중에 또 돌발사태가 생겼다. 한 명이 스스로 자신은 귤 킬러라고 한 것이었다. 게다가 자칭 귤 킬러인 어린이는 식성이 까다로워 며칠 째 거의 식사를 잘 못한 상태였다. 그러자 포기했던 어린이가 자신의 몫을 그 어린이에게 줄 것을 요청하였다. 모든 것이 원점으로 되돌아갔다. 이때 아이들에게 변화가 일어났다. 누가 먼저랄 것도 없이 한 명 한 명 귤 킬러에게 자신의 몫을 몰아주기 시작하였다. 결국 한 명의 어린이가 귤 8개를 모두 먹는 것으로 그날의 토론은 끝이 났다. 그런데 모두 행복했고 아무도 후회하지 않았다. 그뿐만 아니라 그 아이들은 스스로를 자랑스럽게 여겼다.

원장님은 거기서 하나의 깨달음을 얻었다고 하였다. 필자 또한 이 이야기에서 그 수련회의 가장 큰 수확을 얻었다. 그것은 무엇인가를 진실로 원한다면 나이에 상관없이 그 자신이 원하는 것에 가까이 다다를 수 있다는 지극히 단순한 진리이다. 여기에서는 이것을 일단 중용이라고 정의하기는 어려우므로 '그 상황에서 가장 적합한 것을 선택하고 그것을 행동으로 옮기는 것, 그래서 내면에서부터 차 오르는 생명의 환희를 만끽할 수 있는 상태'라고 정의를 해 두고 넘어가려고 한다.

중용은 누구나 알 수 있고, 실천할 수 있는 것이기는 하다. 다만 진실로 알고자 하는 순수한 사람만이 그 자리에 이를 수 있을 뿐이다. '자기'라고 하는 옷을 벗어버린 순수한 사람만이 도달할 수 있는 은혜로운 자리이다. 그 자리는 희랍신화에 나오는 신성(神

性, 신의 능력)과도 일맥상통한다고 할 수 있다. 희랍신화에 의하면, 신들은 인간의 능력이 너무 커지자 누구나 사용할 수 있었던 신성을 인간의 마음속 깊이 숨기고 가장 순수한 사람만 그것을 사용할 수 있게 하였다고 한다. 이처럼 중용이란 바로 자신의 신성을 꺼내어 쓰는 사람만이 비로소 도달할 수 있다는 뜻이다. 이러한 신성을 유교에서는 본성이라고 한 그리고 본성을 온전하게 발현하고 살아가는 사람을 성인聖人이라고 한다.

따라서 성인이 바로 중용을 실현하는 사람이라고 할 수 있는 것이다. 공자는 성인의 영역을 종심소욕불유구從心所慾不踰矩, 즉 '마음이 하고자 하는 모든 것을 행해도 법도에 어긋나지 않는다'로 정의하였다. 여기서 법도라 함은 우주 자연의 섭리를 말한다. 우리 눈에는 보이지 않지만, 그래서 인식할 수도 없지만 분명하게 이 세상 만물을 생성하고 멸하는 어떤 힘이다. 이러한 상태는 그야말로 걸림이 없는 상태이므로 말 그대로 대자유인의 모습이다. '나'와 '너'의 차별이 없기 때문에 자타自他가 하나된 사람의 모습이라 할 수 있다. 그러므로 내적으로 갈등이나 두려움이 없고 외적으로도 장애가 없게 된다. 이러한 사람이야말로 지상에서 가장 행복한 사람의 모습이 아닐까?

그렇다면 중용예찬이란 행복예찬인 동시에 자유예찬, 혹은 평등예찬이나 생명예찬이라고 해도 무방할 것이다. 완벽한 자유는 중용이 실현될 때 가능한 것이며, 평등 역시 예외가 아니기 때문이다. 또 가장 자유롭고 평등한 상태가 가장 행복한 상태이기 때문이다.

그런데 가장 행복한 사람이 되고자 하는 사람이 선행해야 할 일은 행복하지 못한 현재의 '내' 모습을 완전 해부하여 원인을 규명하는 일일 것이다. 지금부터 우리 각각의 '나'를 진단하고, 유교에서 말하는 행복에 이르는 길을 찾아 성인과 현인들의 육성 속으로 들어가 보기로 한다.

1) 유교에서 말하는 '나'

너 나 할 것 없이 대체로 인간은 '나'를 육체와 정신으로 형성되어 있다고 생각한다. 물론 불교에서는 이것을 '거짓 나'라고 한다. 단지 인연에 따라 임시 모여진 '어떤 것'일 뿐이다. 그렇다고 하여 의미가 없는 허망한 것은 아니다. 거짓이라고는 하지만 거짓되게 만드는 것이 거짓일 뿐이기 때문이다. 그러므로 그것을 타파하면 되는 것이다. 그 타파의 대상이 색·수·상·행·식이라고 하는 오온五蘊이다.

그런데 유교경전에는 불교와 같이 구체적으로 '나'를 구성하는 요소에 대해 언급한 내용이 없다. 다만 사람이 죽으면 정기精氣는 만물로 돌아가고 유혼游魂은 변화한다고 하는 정도로만 언급되고 있다. 하지만 개인이 잉태될 때, 기氣의 청淸·탁濁·후厚·박薄에 대해서는 분명히 명시한다. 즉 맑아서 순수하고 두터운 기운을 받아 태어나느냐, 혹은 탁해서 잡박한 기운을 받아 태어나느냐 하는 것이다. 전자의 기운이 강하게 태어난 사람은 태어나면서부터 우주변화의 원리를 아는 사람[生而知之]이라 하거나, 배워서 그것을 아는 사람[學而知之]이라 한다. 그리고 후자의 기운이 강하게 태어난 사람은 어려움을 겪고 나서야 배우는 사람[困而學之]이라 하거나, 곤란을 겪고도 배우려고 하지 않는 사람[困而不學]이라 한다. 그러므로 이것에 기초하여 사람을 상上, 중中, 하下로 분류하는 경향이 있다. 즉 성인의 영역에 이른 사람을 최상이라 하며 생이지지자生而知之者라 한다. ─공자는 자신은 생이지지자가 아니라고 한다.─ 그리고 그 다음은 현인賢人으로서 학이지지자이며, 마지막이 범부, 즉 일반적인 사람들이다.

그렇다면 나면서부터 우주변화의 원리를 안다고 하는 것은 어느 수준의 영역일까? 우리가 천재라고 부르는 사람들일까? 꼭 그렇다고 할 수는 없다는 것이 필자의 생각이다. 기존에 우리가 천재라고 부르던 사람들은 대체로 지능지수, 즉 기억력에 의존하는 평가였다고 할 수 있다. 그러나 지금 이 시대만 하더라도 더 이상 지능지수가 높다는 것만으로 천재라 부르지는 않는다. 감성지수를 포함한 자연과의 친화력, 예술적 심미안, 음악적 재능, 사회성, 순발력, 운동감각 등의 모든 것을 감안하여 평가하는 경향이 짙어졌다. 그렇다고 하여 앞에 열거한 여러 항목들에서 남들보다 앞선 사람이 과연 나면서부터 우주변화의 원리를 아는 자라고 할 수 있을까? 진실로 안다는 것은 무엇일까? 이 문제는 좀 더 확인해 볼 필요가 있다.

불교에서는 사인관세四人觀世, 즉 이 세상을 바라보는 네 사람의 안목에 대하여 설명한다. 무명無明에 가려진 중생들은 이 세상을 육체적인 즐거움의 장으로 인식한다. 그러므로 고통을 견디지 못한다. 육체적인 결핍은 슬픔의 대상이 되는 것이다. 반면 소승小乘적 차원의 중생들은 이 세상을 고苦로 인식한다. 어차피 완전하지 못한 세계가 중생계이므로 고통스러울 수밖에 없는 것이다. 그러므로 속히 고통의 세계를 떠나서 즐거움의 세계로 가야 하는 것이 수행의 목표가 된다. 그 다음 대승大乘적 차원의 보살들은 이 세상을 하나로 인식한다. 너와 내가 없다. 따로 세상이 존재하는 것이 아니다. 큰 하나, 둘이 없는 하나, 하나라 할 수 없는 하나의 세상인 것이다. 그러므로 너의 행복이 곧 나의 행복이다. 따라서 어떤 중생도 놓아둘 수 없다. 보살의 원력은 거기서 비롯된다. 마지막으로 궁극적 차원이라 할 수 있는 부처의 안목으로 보면 오직 '마음' 하나인 것이다. 연기緣起인 것이다. 중도의 세계인 것이다. 모두가 부처인 것이다. 색즉시공이고 공즉시색이다. 이 가운데 어떤 것이 진정한 앎인가?

구도적인 삶을 살아가고 있다는 서양의 사상가 켄 윌버(Ken Wilber, 1949~)는 그의 저서 『아이 투 아이』에서 이 세상을 바라보는 세 가지 눈을 제시하였다. 감각의 눈, 이성의 눈, 그리고 관조의 눈이다. 여기서 '눈'이라는 개념은 단지 '본다'는 개념을 넘어 이 세상에 다가서는 통찰력을 의미한다. 즉 극히 미세한 사물에서 거대한 우주에 이르기까지, 그리고 개인에 국한된 의식에서 종교적 영성에 이르는 영역을 아우르는 총체적 개념으로서의 통찰력을 눈으로 표현한 것이다. 그 첫 번째인 '감각의 눈'이란 육체적인 감각이나 과학기술을 통해 사물을 인지하는 안목이다. 즉 과학의 영역이다. 두 번째 '이성의 눈'이란 이성과 논리로 대상을 인식하는 안목이다. 즉 관념적 앎이라 할 수 있는 철학의 영역인 것이다. 마지막으로 '관조의 눈'이란 수행이나 명상을 통하여 영성靈性의 영역을 체험하는 수준으로서 종교의 영역이라 할 수 있다. 이해를 돕기 위하여 좀 더 부연 설명하면 다음과 같다.

감각의 눈, 즉 육체의 눈으로 알 수 있는 세계는 물질세계에 한정이 된다. 그러므로 과학적인 도구(현미경이나 적외선 카메라 같은 것)와 오감五感을 통해 체험적으로 증명되는 것들이 이 영역에 있어서의 앎의 한계라 할 수 있다. 그런 의미에서 과학자들은 감각의 눈의 발전에 일익을 담당한 사람들이라 할 수 있다. 현미경이라든지 줄기세포 배양, 그리고 나노Nano와 같은 것들은 과학이 이루어낸 쾌거임에 틀림없다. 그러나 아무리 과학이 발달하여 예전에 미처 못 보고 못 듣던 것을 보고 듣는 수준에까지 이르렀다 하더라도 인간의 감각은 여타의 존재자들에 비해 그리 탁월한 편이 아니다. 심지어 개미나 새, 혹은 뱀들이 알 수 있는 지진이나 해일을 인간은 사전에 감지하지 못한다. 그것이 우리가 그토록 확신하는 감각의 한계인 것이다.

이성의 눈, 즉 관념의 눈에 있어서도 마찬가지다. 이성의 눈은 보이지 않는 분야에 속하므로 감각의 눈에 비해 더 많은 것을 알 수 있는 영역이다. 오랜 기간 동안 습득한 지식을 바탕으로 우리는 충분히 감각의 영역을 넘어서 보이지 않는 영역까지 앎을 확대해 나갈 수 있다. 그러나 그것 역시 진실을 드러내주기에는 역부족인 것이 사실이다.

관조의 눈으로 인식되는 세계는 인식을 넘어선 또 다른 세계이다. 이 세상에 엄연하게 실재하면서도 드러나지 않는 세계를 보는 것이 관조의 눈이다. 이 영역은 종교의 영역이다. '나'라고 하는, 즉 만들어진 나를 버림으로써만이 얻어지는 영역이다. 육신이 나라고 하지만 보다 정미하게 관찰해 보면 육신은 온 우주를 넘나들고 있다. 내가 쉬는 숨이 나무에게로 가기도 하고, 동물에게 가기도 한다. 내가 내 놓은 배설물이 대지에 스며들기도 하고, 나무나 여타의 동물에게 옮겨가기도 한다. 바다에 이르는가 하면 허공에 섞이기도 한다. 반면 남의 몸이었던 어·육류의 살코기나 과일, 채소와 같은 것들은 금세 내 몸이 되기도 한다. 정신 또한 마찬가지다. 생각마다 한결같이 내 것인 생각은 없다. 심지어 금세 좋던 것이 싫어지기도 한다. 파랗던 생각은 검은색으로 변하기도 한다.

그런데 사람들은 대개 자신이 좋아하는 인물 유형과 다른 사람이 좋아하는 인물 유형이 다를 수 있다는 것에는 쉽게 동조한다. 왜냐하면 가장 흔한 예로써 텔레비전에 나오는 연기자에 대한 호감도가 서로 상충되는 일은 늘 있어 왔기 때문이다. 그런데 옳고 그름의 판단에 있어서는 대개가 같을 것이라고 착각한다. 그 때문에 다툼이 일어난다. 또, 적어도 자신의 생각만은 대체로 일관성을 가질 것이라고 믿는다. 그러므로 붙들어 매 놓아 버린 순간의 생각에 몰입하여 감정의 질곡에서 헤어나질 못한다. 그것이 불행의 시작이다. 자신의 생각은 짧게는 순간에, 길게는 일생을 살고 난 후에 이르러 바뀌기도 한다. 안타깝지만 그것이 사람이다. 나의 생각조차 이러한데 내 것, 즉 '나'라 할 것이 과연 무엇이란 말인가?

잠시 여기서 감각의 눈과 이성의 눈, 그리고 관조의 눈에 대한 이해를 돕기 위해 개미를 예로 설명해 보기로 한다.

상황: 개미가 떼를 지어 서로 부딪쳐가며 분주하게 이동하고 있다.

감각의 눈에 의존해서 바라보면 그저 개미의 이동이 있을 뿐이다. 그러나 이성의 눈으로 바라보면 뭔가 일이 일어난 것이다. 특히 개미를 깊이 연구한 사람이라면 지금 지진경보가 발령 중이며, 그에 따라 개미들의 대 이동이 시작된 것이라고까지 분석해

내기도 할 것이다. 반면 관조의 눈을 뜬 수준이라면 아비규환의 세계가 현전現前하는 육성으로 들려올 것이다. 그뿐만 아니라 장차 일어날 그들의 미래(일부는 미처 이동하기도 전에 지진으로 함몰된다든가 하는)까지도 알 수 있을 것이다.

앎은 이와 같이 다양하다. 그 가운데 태어나면서부터 안다고 하는 생이지지자는 관조의 눈의 영역에 해당하는 사람을 일컫는다. 우리가 기억하는 율곡의 '10만 양병설'은 그가 이미 일본의 침략을 알고 있었기 때문일 것이다. 그러나 그것이 이성의 눈의 영역이었는지 아니면 관조의 눈의 영역이었는지 알 길은 없다. 이와 같이 우리가 알고 있는 예지력을 갖춘 이들은 대체로 성인, 혹은 성인에 준하는 수준의 인물이었다. 특히 고승高僧전을 읽다 보면 상상을 뛰어 넘는 예지자들이 많이 등장한다. 그러나 그들 역시 태어나면서부터 이미 알고 있었다는 기록은 없다. 심지어 석가모니가 된 싯달타 태자에 대한 기록에서도 태어나면서부터 세상의 이치를 모두 꿰뚫고 있었다고 하는 기록은 없다. 이것은 무엇을 말해주는가?

아무리 맑고 두터운 기운을 받고 태어나도 질료를 바탕으로 한 인간인 이상 처음부터 질료의 한계를 뛰어넘어 이 세상에 나올 수는 없다는 증거이다. 다만 그 한계를 인식하고 그것을 극복한 사람을 우리는 성인聖人이라고 부를 뿐이다. 따라서 유교에서 말하는 성인과 현인賢人, 그리고 범인凡人은 다음과 같이 정의될 수 있다. 즉 육신의 한계를 극복하여 자유로운 자(성인), 육신의 한계를 인식하고 그 너머에 진실이 있음을 알기는 했지만 아직 완전히 자유롭지는 못한 자(현인), 육신의 한계조차도 인식하지 못하거나, 인식을 했다고 하더라도 그 너머에 있는 진실에 대한 동경은커녕 보이는 현실만을 급급하게 살아가는 자(범인)로 정의하면 그리 틀리지 않은 해석이 될 것이다.

그런데 이렇게 앎의 영역을 셋으로 나누든 넷으로 나누든 그것은 정신적 영역에 해당할 뿐이다. 그런데도 이와 같이 구분하는 것은 순수하고 맑은 영혼이 육체와 무관하지 않기 때문이었을 것이다. 주지하다시피 동양학은 근본적으로 이원론二元論이 아닌 일원론一元論의 입장을 견지하고 있다. 다시 말해서 몸과 마음을 둘로 인식하지 않는다는 뜻이다. 모든 것의 근원은 절대적인, 모든 시비와 분별을 떠난 하나로 거슬러 올라간다. 유학도 예외가 아니다. 그러므로 몸을 닦는 것 또한 정신을 빼고서는 성립조차 되지 않는 일이다. 『대학』에서 '부富는 집을 윤택하게 하고, 덕德은 몸을 윤택하게 한다〔富潤屋 德潤身〕'고 한 것 역시 이와 같은 맥락으로 이해할 수 있는 대목이다. 덕으로 돌아갔을 때 비로소 몸도 온전해진다는 뜻이므로 둘이되 둘이 아닌 하나가 되는 것이다.

결론적으로 유교에서 말하는 '나'에 대한 질료(육신)의 정의는 맑고 두터운 기운을 받아 태어났으면 순선純善한 사람이고, 그와 반대로 탁하고 엷은 기운을 받아 태어났으면 잡박한 사람이라 하였다. 동시에 『중용』 제1장에 의하면, "하늘이 명한 것을 일러 성性이라 한다〔天命之謂性〕"고 함으로써 하늘과 그것을 부여받은 사람은 둘이 아닌 하나임을 분명하게 언급하고 있다. 이 내용은 후대 성리학의 탄생에 확실한 정초가 되었다. 따라서 유학의 핵심 개념인 중中을 통해 만물의 근원인 하늘과 개별적 자아로서의 성의 관계를 살펴본다면 왜 중용이어야 하는지를 보다 명확하게 이해할 수 있을 것이다.

2) 중中의 의미

전해 내려오는 유가경전에서 중中이란 말이 가장 중요하게 언급된 최초의 사례는 요임금이 순임금에게 제위帝位를 물려주면서 당부했던 내용이다. 바로 『논어』「요왈」편의 다음 내용이다.

> 요임금이 말씀하셨다. "아! 너 순아, 하늘의 역수曆數가 너의 몸에 있으니 진실로 그 중을 잡도록 하라. 사해四海가 곤궁하면 천록天祿이 영원히 끊어질 것이다."
> 〔堯曰 咨爾舜 天之曆數 在爾躬 允執厥中 四海困窮 天祿永終〕

알려진 것처럼 요임금은 순에게 두 딸을 시집보내 나름대로 순의 인품을 검증한 연후에 제위를 물려주게 된다. 그때 한 당부의 말이 바로 위 내용이다. 마침내 순이 제위를 물려받을 순서가 되었으니, 임금노릇 하는 데에 진실로 명심할 것은 중中을 잡는 일이라고 당부하는 것이다. 만약 중을 잡지 못하여 백성들이 곤궁해진다면, 결국 하늘이 주는 복 또한 영원히 끊어지게 되리라 경계한 것이다. 순임금 역시 우임금에게 제위를 물려줄 때 중中으로써 부촉하였다. 비록 똑같이 중中을 말하였으나 중을 지키는 방법론이 부연된 것을 보면서, 순임금이 우임금을 믿은 것보다 요임금이 순을 믿는 마음이 더 컸으리라 추리한다면 지나친 상상일까? 아무튼 순임금은 지혜로써 치수에 성공한 우임금에게 다음과 같이 말하였다.

사람의 마음은 위태롭고 진리의 마음은 은미하니 오직 정精하고 한결같이 하여 진실로 그 중中을 잡도록 하라.
〔『서경』,「大禹謨」: 人心惟危 道心惟微 惟精惟一 允執厥中〕

사람의 마음은 왜 위태롭다고 한 것인가?

필자나 독자를 막론하고 가끔은 '내가 왜 이럴까?' 싶을 만큼 변덕을 부렸던 기억이 없는 사람은 드물 것이다. 그게 사람의 성향이다. 사람은 욕심이 있고, 욕심을 내기 마련이다. 옛말에도 '서면 앉고 싶고 앉으면 눕고 싶다'고 하였다. 그만큼 내 몸이 나를 지배한다는 얘기다. 마음도 마찬가지다. 변덕이 심하여 이랬

다져랬다 한다. 쉬운 예로 '내 먹기는 싫고 남 주기는 아깝다'는 말이 있다. '남의 떡이 커 보인다'는 말도 있다. 한 발 더 나아가 '사촌이 땅을 사면 배가 아프다'는 말까지 있다. 너무 멋져 보여 목숨까지 걸었는데 막상 내 것으로 취하고 보면 하찮아 보이는 것들도 부지기수다. 이 모든 것들은 마음의 간사함을 드러낸 경우이다.

그런데 이미 앞에서 설명했던 것처럼 우리 내면에 들어 있는 밝고 아름답고 진실한 마음은 살리기를 좋아하는 마음이다. 그 마음은 나를 살릴 뿐만 아니라 남도 살리는 마음이다. 그러므로 살리고자 하는 마음은 변덕이 있을 수 없다. 기분이 좋을 때는 살리려 들다가 기분이 나쁘면 죽이려 드는 마음이 아니기 때문이다. 또 기분이 상쾌하다고 성실하고, 기분이 우울하다 하여 게으름을 피우지도 않는다. 오히려 기분이 좋다거나 나쁘다고 하는 판단 자체가 없는 마음이다. 따라서 변덕과는 거리가 멀다.

비록 이러한 진실한 마음이 사람들마다 내면 깊숙이 들어 있지만 몸이라고 하는 기질로 인해 드러나는 마음은 하늘과 땅 만큼의 차이를 보인다. 남을 위해 자신의 목숨까지 던지는 사람이 있는가 하면, 털끝만한 자기 이익을 지키자고 남의 목숨쯤은 아랑곳하지 않는 도덕불감증 환자들도 있다. 바르게 살아야 행복한 사람이 있고, 바르게 살아서 손해를 볼 바에야 차라리 양심을 버리는 것이 낫다는 부류가 있게 마련이다. 모순이라고 할 수밖에 없지만, 세속에서의 삶은 진심을 드러내는 것이 거짓으로 위장하는 것보다 더 어렵다는 것이다. 왜 그럴까?

일찍이 아인슈타인은 생각이 물질을 만든다고 했고, 석가모니는 업(業, karma)을 설명하였다. 한 사람은 과학자이고 한 사람은 인도가 낳은 성자이다. 그런데 두 사람이 말하는 사람의 생각과 물질은 공통점을 지닌다. 아인슈타인의 말처럼 현대 정신물리학에서는 생각은 곧 물질을 만든다고 한다. 한 생각 일으키면 원자가 형성된다는 말이다. 원자가 계속 만들어지면 가시화, 즉 눈에 띄게 된다는 원리이다. 석가모니에 의하면 사람의 본성(=佛性, 불성)의 발현을 장애하는 것은 업業 때문이다. 업이라는 것도 결국은 하나의 물질로 인한 장벽이다. 번뇌와 망상이 가져온 결과인 것이다. 눈에 보이지는 않지만 번뇌와 망상은 아인슈타인의 말처럼 물질을 만들어내게 되고 그 물질은 빛나는 불성광명을 어둠으로 가리게 된다는 것이다. 그러므로 빛내고자 하여도 빛날 수 없고, 진실된 마음을 드러내고자 하여도 드러낼 수 없게 되는 것이다. 업이 두텁다는 것은 결국 생각이 분주하고 많다는 뜻과 통한다고 할 수 있다. 그 많은 생각들은 자기를 중심으로 생겨나는 것이다. 자기가 생겨남으로 해서 나와 남이 나뉘는 것이다. 나와 남이 나뉘었으므로 나를 위할 수밖에 없다. 나를 위하는 마음이 바로 사람의 마음이다. 인심人心인 것이다. 나와 남이 없는 마음은 진리의 마음이다. 도심道心이다.

물론 앞서 설명한 성자聖者의 기질로 태어나면 그 사람의 마음 씀씀이가 저절로 상생相生의 걸음이 된다. 그러나 대체로는 자기의 이익을 더 앞세우는 것이 이미 습관처럼 굳어버린 중생들의 삶의 현장이 바로 이 세상이다.

따라서 사람의 마음은 위태롭고 진실한 마음이 드러나기는 은미하다고 한 것이다. 은미隱微하다는 것은 숨어 있어서 존재가 현실에 잘 드러나지 못한다는 뜻이다. 그러므로 사람이 자신의 본마음을 지키기 위해서는 정精하고 일一하라고 하였다. 여기서 주목해야 할 부분이 바로 정精이다.

정精의 의미에 대해서는 대체로 상세함 정도로 해석하는 경향이 있다. 사실 한자의 의미는 정하다, 찧다, 정성스럽다, 깨끗하다, 세밀하다 정도로 해석된다. 그래서 언뜻 보면 가장 가까운 해석처럼 보일 수 있는 의미가 바로 '세밀하다'는 뜻으로서의 상세함이니 그렇게 해석하는 것도 무리는 아니다.

그러나 다소 엉뚱하다고 할 수도 있는 '찧다'의 의역으로 접근해 보면 훨씬 진실에 근접할 수 있게 된다. 예나 지금이나 방아를 찧어서 낟알의 속살을 드러내주는 곳을 '정미소精米所'라 한다. 낟알의 대표격인 쌀을 찧는다는 의미의 정미소에서 하는 일은 쌀의 껍질, 즉 낟알을 싸고 있는 옷을 벗기는 일이다. 껍질은 진짜를 싸고 있는 막이다. 그러므로 옷을 벗겨 실체를 드러내는 역할을 담당하는 곳이 바로 정미소이다. 따라서 오직 정精하라는 말을 정리하면, '자신의 욕심으로 인하여 사물을 바로 볼 수 있는 눈이 가려지는 것이 사람이다. 그러므로 욕심이 눈을 가리지 않도록 깎아내고 또 깎아내라. 혹은 욕심이 생겨나지 않도록 경계하고 또 삼가라'는 뜻이 된다.

그 다음의 "오직 일一 하라"는 말은 한결같이 하라는 말이다. 연결해서 풀이하면 오직 정精하기를 한결같이 하라가 된다. 따라서 순임금의 당부는, "사람의 마음은 간사하여 위태롭고 진리의 마음은 거짓(=옷, 업, 물질) 속에 숨겨져 있어 드러나기 어려우니 자신의 이기심으로 인해 진실이 숨는 일이 없도록 항상 경계하고 삼가기를 한결같이 하여 중中을 잡도록 하라"는 것이다.

이와 같이 요임금과 순임금이 제왕의 덕목으로써 가장 중요시했던 중中이 경전에 사용된 경우를 보면 대략 세 가지 경우이다.

첫째는 가운데의 의미인데, 맹자의 말에서 찾아볼 수 있다. 가운데가 의미하는 것이 무엇인지 명확하게 정의를 내려주는 맹자의 말을 소개하면 다음과 같다.

> 자막은 중간을 잡았으니 중간을 잡는 것이 도(道, 진리)에 가까우나, 중간을 잡고 저울질함이 없는 것은 한쪽을 잡는 것과 같다.
>
> [『맹자』,「진심상」: 子莫 執中 執中 爲近之 執中無權 猶執一也]

6. 중용예찬

자막이란 인물은 노나라의 현자이다. 양주가 자신을 위함이 심하고, 묵적이 남을 위함이 심하므로 자막은 그 두 사람 사이를 헤아려 중간을 잡았다. 그러나 사물이나 사건의 가운데를 잡는 것은 비록 진리에 가깝다고는 할 수 있으나 저울질하지 않는다면 그 역시도 한쪽을 잡는 것과 같아서 치우친 것이라고 하였다. 남을 위하기를 지나치게 하는 것과 자신만 위함이 지나친 것이 모두 치우친 것이라는 사실은 우리 모두 잘 알고 있다. 이럴 때 흔히 하는 말은 적당해야 한다고 한다. 이럴 때 적당의 의미는 남도 적당히 위하면서 자신도 적당히 돌보라는 것이다. 그런데 맹자는 그 역시 치우친 것이라 하였다. 다시 말해서 흑백을 피해 회색을 취하는 것을 경계한 말이다. 그렇다면 도대체 어떤 상태가 중中을 행하는 것인가가 문제일 것이다. 맹자의 다음 말을 들어보면 조금 더 정리가 될 수 있을 것이다.

순우곤이 "남자와 여자가 (물건을) 주고받는 것을 직접 아니하는 것이 예禮입니까?" 하고 묻자, 맹자가 대답하였다. "예이다." "제수가 물에 빠지면 손으로써 구원합니까?" "제수가 빠졌는데도 구원하지 아니하면 승냥이나 이리이다. 남녀 사이에 주고받기를 직접 하지 아니하는 것은 예禮이고, 제수가 물에 빠지면 손으로써 구하는 것은 권權이다."

〔『맹자』「이루상」: 淳于髡曰 男女授受不親禮與 孟子曰 禮也 曰嫂溺

則援之以手乎 曰嫂溺不援 是豺狼也 男女授受不親禮也 嫂溺援之以 手者權也〕

예禮란 소통을 통해 조화를 이루기 위해 필요한 형식이다. 그 형식은 바로 성인의 행동거지에서 비롯되었다. 성인은 이미 진리를 터득하고 진리를 따라 행하는 사람이다. 그러므로 일거수일투족이 모두 진리에서 어긋나지 않는다. 그러므로 성인의 모습을 따르면 모두가 조화를 이룰 수 있고, 균형이 잡힌 삶을 살 수 있게 되는 것이다. 다시 말해서 예의 뿌리는 바로 하늘이란 말이다.

그런데 '남녀칠세부동석'이란 말도 있듯이 일정 연령이 된 남녀가 직접 상대하다 보면 감정이 생기게 마련이다. 감정이 생기면 마음의 균형이 깨어질 수 있고, 그것은 곧 전체적인 조화를 이루고 있던 일상을 흩뜨리는 결과를 초래할 수도 있다. 따라서 예를 통해 남녀가 직접 주고받는 것을 차단하였을 것이다. 그러나 아무리 예로써 금하는 경우에 속한다 할지라도 제수(동생의 부인)가 물에 빠져 죽게 생겼는데도 '남녀는 유별하니 예에 어긋난다'면서 죽게 내버려둔다면 짐승만도 못한 처사일 것이다. 이럴 때 사용하는 것이 권權, 즉 저울질이라고 맹자는 말한다. 그렇다면 저울질의 기준은 무엇이고 정확한 의미는 무엇인가를 살펴볼 필요가 있다.

저울이란 기준이 되는 추로써 달고자 하는 물건의 무게를 재는 도구이다. 그런데 사람이 사람이나 사건을 맞닥뜨리고 행동이나 마음의 방향을 정하고자 할 때 사용하는 기준은 무엇이 될 것인가. 그에 대한 대답은 조금만 생각해 보아도 그리 어려울 것이 없다. 예가 나온 근본이 바로 해답일 것이기 때문이다. 예의 근본은 하늘이라 했으므로 하늘과 일치하는지 어긋나는지가 관건이다. 즉 모든 예의 기준은 하늘, 즉 진리를 실천하는 성인의 모습이므로, 저울질할 때 역시 형식을 벗어나서 하늘이라고 하는 알맹이를 따르면 된다. 따라서 기준이 되는 것은 하늘, 즉 모두를 살리는 마음이다. 그러므로 내가 행하고자 하는 행동이나 쓰고자 하는 마음 역시 모두를 살리고자 하는 데 있는지 아닌지만 따지면 된다. 모두를 잘 살게 하고자 하여 예를 정해 놓았지만 그것을 지키느라 생명을 잃는 상황이라면 오히려 형식인 예를 버리고 생명을 건지는 것, 그것이 곧 권을 행하는 것이다. 그렇다고 해서 예와 생명이 상충되는 것은 아니다. 오히려 생명을 건지는 것을 최우선으로 하는 것이 도리어 진정한 예를 실천하는 길이다. 그러나 권權의 경지가 말처럼 쉬운 것이 아니다. 자칫 잘못하면 아전인수我田引水격이 되거나, 견강부회牽强附會 내지는 이현령비현령耳懸鈴鼻懸鈴이 되기 쉽다. 이제 가운데라는 의미의 중中이 진정한 의미의 가운데가 되기 위해서는 저울질을 거쳐야 하고, 그것이 아닌 중은 오히려 치우친 것이라고 한 맹자의 말이 십분 이해가 되었을 것이라 생각한다.

두 번째는 안(속) 혹은 내면이란 의미의 중이다. 『대학大學』 6장에 다음과 같은 내용이 있다.

"속에 성실하면 외형에 나타난다."
〔誠於中 形於外〕

여기에서의 중中은 '속(안)'의 의미이자 본말本末에서의 근본을 의미한다고 할 수 있다. 모든 것은 근원에서 비롯한다. 천지간의 모든 것은 근원에서 말단으로, 다시 말단에서 근원으로 수렴하는 것이 이치이다. 그러므로 밖의 모습은 곧 안을 상징하고 있다. 옛말에 '생선을 싼 종이에서는 비린내가 나고, 향을 싼 종이에서는 향내가 난다'고 하는 것도 같은 맥락이다. 무지하여 눈을 뜨지 못했으므로 진실을 읽어내지 못할지언정 모든 외형은 진실을 담기 마련이다. 말에서도 아무리 교언영색으로 치장한다 하더라도 진실을 숨길 수는 없다. 다만 상대방 스스로 이미 욕심에 가리워서 진실을 읽을 수 있는 총기를 잃었기 때문에 읽지 못할 뿐이다. 아무리 화려하게 꾸미고 있는 사람이 있어도 사심 없이 진실을 볼 수 있는 눈이 있는 사람에게는 속을 들킬 수밖에 없다. 하물며 내면에 성실함을 간직한 모든 만물 만상이라면 어찌 그것이 밖으로 드러나지 않겠는가? 결국 여기서 말하는 본질이라고 하는 의미의 중中은 근원을 일컬음이다.

6. 중용예찬

근원은 사물이든 사건이든 생生에 있다. 생의 씨앗에 의해 모든 사물이 성장한다. 오염되었다 할지라도 그 근원은 생生인 것이다. 사건의 결과가 악으로 얼룩졌다고 할지라도 그 근원을 돌이키면 결국은 생生의 의지가 왜곡된 것이 드러난다. 심지어 강도·도둑질이라고 할지라도 그 행위의 근원으로 돌아가 보면 생生에서 비롯되었음을 알 수 있다. 다만 생에의 의지가 왜곡되어 자기 개인 한 사람만을 위한 행동으로 나타났을 뿐이다. 그것은 자기만을 위한 행위의 결과가 역으로 자신을 파멸로 이끈다는 사실을 모르기 때문에 빚어진다. 이 세상에 존재하는 모든 만물의 근원은 생생生生인 것이다. 그러므로 생생은 곧 본성인 성性으로 회귀한다. 본성은 하늘에서 비롯하였다. 하늘은 곧 진리이다. 그것은 내면 깊숙이 존재하면서 밖으로 모습을 드러낸다. 따라서 『대학』에서 다음 내용으로 이어진다.

"열 눈이 보는 바이며, 열 손가락이 가리키는 바이니, 그 무섭구나!"

〔十目所視 十手所指 其嚴乎〕

여기에서 열 눈과 열 손가락은 다만 그 숫자를 지칭하는 것이 아니다. 열 눈과 열 손가락은 모든 눈과 모든 손가락이다. 이 세상에 존재하는 모든 것 위의 근원적 존재는 바로 하늘이다. 그러므로 열 눈이 보고 열 손가락이 가리킨다고 하는 것은 하늘이 다 보고 있고, 하늘이 다 가리키고 있다는 뜻이다.

사실, 사람의 안목으로 볼 때는 근원과 말단이 있어서 근원은 볼 수 없고 말단만 보면서 평가한다. 그러나 실상의 차원에서 보면 근원이 곧 말단이다. 말단은 바로 근원의 형상이고 출현이기 때문이다. 이것이 바로 일원론적 사유를 바탕으로 하는 동양사상의 핵심인 것이다. 그러므로 안에 성실하면 밖으로 드러난다는 『대학』의 의미는 곧 근원이 밖으로 출현한다는 뜻으로 이해할 수 있다. 따라서 이때 중中의 의미 역시 하늘의 의미로 이해할 수 있다.

세 번째는 적중의 의미로서의 중中이다. 적중이란 꼭 들어맞는다는 말이다. 정확하게 한치도 어긋남이 없다는 뜻이다. 그렇다면 과연 무엇에 적중한다는 말이겠는가? 『맹자』 「진심하」 25장에는 다음의 내용이 있다.

"대인이면서 저절로 화化함을 성인聖人이라 이른다."
〔大而化之之謂聖〕

주자는 위의 내용을 풀이함에 있어 "생각하지 않고 힘쓰지 않아도 자연히 도道에 맞음(=적중)은 인력으로 할 수 있는 바가 아니다〔不思不勉從容中道而非人力之所能爲矣〕"고 하였다. 적중이란 여기에서 말하는 중도中道의 '중'인 것이다. 도에 맞는 것이다. 진리와 한치도 어긋나지 않는다는 말이다. 만물을 낳는 그 '생생生生'에 어긋남이 없다는 말이다. 따라서 적중의 '중'은 도(진리)에 적중한다는 말이 된다. 그러므로 이 경우 역시 하늘이 만물을 살리는 진리와 하나됨의 의미라 할 수 있다. 진리는 바로 도道이고 만물이 사는 길이다. 그러므로 생명이라고 한다. 생명은 사랑이고 사랑은 오직 살림으로써만이 그 기능을 다 한다. 유교의 언어로는 '인仁'의 길이다. 그러므로 모든 사심을 벗어난 성인만이 도에 맞을 수 있는 것이라 한 것이다. 욕심에서 비롯되는 사람의 지각으로는 절대로 적중할 수 있는 자리가 아니라고 한 것이다.

─성인聖人에 대한 상세한 내용은 『주역』 건괘, 「문언전」에 보이며 그 내용은 다음과 같다. "대저 성인은 천지와 더불어 그 덕을 합하고, 일월과 더불어 그 밝음을 합하며, 사시와 더불어 그 질서를 합하며, 귀신과 더불어 길흉을 합하여, 하늘보다 앞서도 하늘이 어기지 아니하며, 하늘보다 뒤에 하여도 천시를 받드나니 하늘도 어기지 아니하는데 하물며 사람에 있어서랴! 하물며 귀신에 있어서랴!(夫大人者 與天地合其德 日月合其明 四時合其序 鬼神合其吉凶 先天而天弗違 後天而奉天時 天且弗違而況於人乎 況於鬼神乎)"─

지금까지 경전에서 사용되고 있는 중中의 의미를 살펴보았다. 그리고 비로소 '중中이란 알맹이요 진실이고, 진리이며 생명이고, 사랑이며 또한 실상을 가리키는 표현 도구이다'라는 결론에 도달하였다. 이러한 결론에 이르기까지는 장황한 설명이 필요하였다. 그러나 이제야 마침내 행복이라고 하는 유교의 정점, 즉 중용에 대한 말 보따리를 풀 기반이 조성되었다고 해도 무방할 시점이다. 공자의 손자인 자사子思가 이루었다고 전해오는 그 장엄한 산맥인 『중용』을 통하여 본격적으로 그 산맥의 정상을 올라 보기로 한다.

3) 중용中庸의 의미

우선 『중용』첫장부터 그 내용을 음미해 보기로 한다. 다음은 1장의 전반부이다.

> 하늘이 명命한 것을 성性이라 하고, 성性을 따르는 것을 도道라 하며, 도道를 닦는 것을 교敎라 한다. 도道라는 것은 잠시도 떠날 수 없는 것이니 떠날 수 있다면 도가 아니다. 이 때문에 군자는 그 보이지 아니하는 것에 경계하고 삼가며 그 들리지 아니하는 것에 두려워한다. 숨은 것보다 더 잘 보이는 것이 없으며 작은 것보다 더 드러나는 것이 없다. 그러므로 군자는 그 홀로 있음을 삼가한다.
> 〔天命之謂性 率性之謂道 脩道之謂敎 道也者 不可須臾離也 可離 非道也 是故君子 戒愼乎其所不睹 恐懼乎其所不聞 莫見乎隱 莫顯乎微 故君子 愼其獨也〕

이 글은 『중용』의 가장 첫머리에 나오는 글이면서 이 세상 만물과 그 근원과의 관계, 그리고 우리 모두가 가는 길, 끝으로 우리가 해야 할 일까지 그 모든 것을 한 문장에 기록한 글이다.

이 세상의 만물이 있게 한 원동력, 즉 근원은 하늘이다. 거듭 밝히지만 여기에서 말하는 하늘은 물리적인 푸른 하늘이 아니다. 모든 존재의 근원인 생명의 실상을 일컫는 상징적인 의미로서의 하늘이다. 심지어 흙이나 돌, 광물까지 모든 존재하는 것들과 그 너머의 모든 것들마저도 하늘을 바탕으로 한다. 그러므로 이 세상에 존재하는 그 무엇도 하늘을 벗어날 수는 없다. 이는 마치 『장자』에서 동곽자가 장자에게 도道는 어디에 있느냐고 물었을 때, 딱 잘라 "무소부재(無所不在 = 있지 않은 곳이 없다)"라고 하는 대답을 통해서도 그 의미의 유추가 가능할 것이다. 도道라고 이름 붙였지만 그것이 유교에서 말하는 하늘과 다른 의미로 존재하는 것은 아니기에 하는 말이다. 그런데도 그 다음에 다시 도道가 강조되고 있다. 그 의미는 지금부터 풀어갈 것이다.

유교에서 하늘이 의미하는 것은 바로 진리이다. 도道이기도 하고 태극太極이기도 하다. 모든 만물이 있게 하는 바로 그것이다. 음양으로 나뉘기 이전의 모든 것의 바탕인 것이다. 생명이라고 해도 좋고 빛이라고 해도 좋다. 형이상形而上의 모든 것과 형이하形而下의 모든 것을 아우르는 말인 것이다.

그러므로 세상에 존재하는 모든 것은 하늘을 벗어날 수가 없다고 한 것이다. 벗어날 수 없으므로 무조건 하늘과 함께 하여야만 한다. 하늘과 함께 하므로 하늘의 모든 기능을 담고 있다. 하늘의 능력, 하늘의 모습을 다 담고 있다. 따라서 하늘의 일을 하여야 한다. 이것은 절대적이다. 선택의 문제가 아닌 것이다. 무조건적으로 조복해야 한다. 조복이란 하늘 앞에서는 무조건적으로 모든 사악함이 무너져버리게 된다는 것이다. 소위 인자무적仁者無敵이라 함도 또한 이를 두고 하는 말이다.

다시 말해서 하늘이라고 하는 거대한 에너지 장, 생명력의 장인 그 환희로운 세계는 세상 만물을 모두 포함할 뿐만 아니라 세상 만물 모두를 키워내는 원동력이다. 그러므로 그 힘을 능가하는 것은 아무것도 있을 수 없다. 사랑이라고 하는 인仁의 자리에 들게 되면 대적이 될 상대는 이미 사라지게 되기 때문이다. 절대 세계이므로 마주 세울 대상이 사라져서 무적無敵이 된다. 그렇기 때문에 사람이 살기에 가장 편안한 집인 동시에 하늘이 주는 높은 벼슬이다.

따라서 그 하늘을 받아들임 자체가 전쟁터에서 장군의 명령에 무조건적으로 복종하는 병사와 같이, 바람이 불면 모두 누워버리는 풀들과 같이 그렇게 끌어안을 수밖에 없으므로 천명天命이라고 한 것이다. 천명이란 하늘이 명령한다는 의미이다. 하늘이 명한 것을 세상에 존재하는 모든 존재자가 끌어안은, 그 하늘의 씨앗인 동시에 하늘 자체라 할 수 있는 그것이 바로 성性이다. 그렇기 때문에 천명이 천성天性으로 내재한다. 천성을 사람이 안고 있는 것은 인성人性이다. 동물에게 품어져 있는 것은 동물성이고, 식물에게 품어져 있는 것은 식물성이다. 토석土石, 즉 흙이나 돌에게 품어져 있으면 광물성이다. 나무는 목성木性이 되고 그런 것이다. 이 세상의 모든 존재자가 하늘을 떠날 수 없듯이 하늘로부터 받은 그 명령에 복종하여 살아가는 그 씨앗이 바로 성性이다.

따라서 성性이 온전히 작용할 때는 이 세상에 균형이 잡히고 평화가 유지된다. 하늘로부터 받은 그대로의 천성이므로 개인적인 욕심이 발동하기 전의 상태이기 때문이다. 개인적인 욕심이 개입하지 않았으므로 나와 너로 마주하는 세계도 아니다. 마주하는 세계가 아니라는 것 자체가 이미 절대세계임을 의미한다. 절대세계이므로 온전한 하나의 세상이다. 온갖 모습을 갖춘 사람들이 다양하게 공존하지만 그들마다 모두 천성에 따라 살기 때문에 갈등과 반목이 생길 이유가 없다. 갈등과 반목은 나와 너로 마주서는 세상에서만 생겨난다. 내가 있다는 것은 너보다 더 낫고 더 높고 더 빛나야 하고 더 풍요로워야 한다. 그러므로 경쟁이 시작된다. 시작된 경쟁은 점점 더 치열해져 간다. 급기야는 전쟁까지 서슴지 않게 되는 것이 바로 나와 너로 마주하는 상대세계의 일이다.

반면에 나와 너로 마주하지 않는 절대세계에서는 우주가 한 생명이므로 이 세상이 나를 벗어나 따로 존재하지도 않는다. 따로 존재하지 않으므로 태어날 것도 없다. 태어나지 않았으므로 죽을 일도 없다. 죽을 일이 없다는 것은 극한의 고통이 없다는 뜻이다. 극한의 고통도 없으므로 사소한 고통이 있을 리는 더욱 만무하다.

사실 고통이란 개체에서 비롯되는 것이고, 또 생각에서 비롯되는 것이다. 생각이란 개체에서 만들어지는 상념이다. 상념은 번뇌를 만들어내고 그것을 통하여 스스로 미궁 속에 빠져든다. 그것이 바로 결박이다. 결박당한 사람은 자유롭지 못하다. 자유롭지 못하므로 불편하다. 즉 편안하지 않다는 뜻이다. 편안하지 않으므로 끝없는 불만이 생겨난다. 불만은 바로 이웃으로 전이된다. 전이된 이웃은 또다시 다른 불만을 만들어낸다. 그 불만을 전달받은 자나 전달하는 자는 모두 고통을 받는다. 아프다. 아프면서 슬프다. 슬프면서 외롭다. 개체라는 사실이 늘 고독을 불러일으키게 된다. 따라서 그것을 잊으려 한다. 잊기 위해서는 현실을 떠날 수밖에 없다. 현실은 분명한 고통이고 불편이고 슬픔이고 외로움이고 부자유스러움이기 때문이다. 그것을 탈피하는 길은 그 현실을 외면하는 것이다. 그래서 무엇인가에 미쳐본다. 그러나 그 어떠한 것도 만족을 주지 못한다. 만족되지 않으므로 더욱 더 방황은 끝이 없게 된다.

그 옛날 싯다르타도 생로병사라고 하는 고통에서 벗어나는 방법을 찾아 수행의 길로 들어섰다. 결국은 진리를 얻음으로써 그

6. 중용예찬

오랜 방황의 종지부를 찍었다. 마찬가지로 방황하는 우리 모두가 방황을 끝내는 방법은 멀리 있는 것이 아니다. '나'라고 하는 개체에서 해방되는 것만이 모든 고통의 종지부를 찍을 수 있게 해준다. 그것이 바로 내 안에 있는 성을 따르는 것이다.

솔성率性, 즉 하늘에서 부여받은 성을 따르는 것은 바로 길이다. 여기서 도道는 순수하게 길로 풀이해야 한다. 물론 그 길이 바로 진리임을 부정하는 것은 아니다. 말이란 본시 진짜를 드러내기 위한 도구이므로 그 말 안에서 한계를 짓고 있는 여러 의미 가운데 하나를 꼽게 되는데, 이 경우에는 길로 순수하게 받아들이면서 이해하자는 것이다.

길에 나가는 이유는 바로 부족을 채우는 것이다. 부족을 채운다는 것은 완전함으로 돌아간다는 뜻이고, 그것은 본래의 모습을 회복한다는 뜻이기도 하다. 즉 내 안의 하늘을 따르는 것은 그 길을 가는 것이다. 그것이야말로 진리로 향하는 길이다. 그러므로 본래 하늘에서 받은 천진天眞한 성을 따를 때, 그것을 진리를 구현하는 것이라고 한다.

그 다음의 '도를 닦는 것을 교敎'라고 한다는 것은 무엇인가?

가르침은 단순히 그저 '착하게 살아라', '바르게 살아라', '도리를 다해라', '규칙을 준수하라', '생명을 죽이지 말라', '남을 비방하지 말라'는 말처럼 훈계를 의미하는 것이 아니다. 길, 다시 말해서 진리가 드러나게 하는 것이야말로 진정한 가르침이라는 뜻이다. 진리는 우리와 잠시도 떨어져 있었던 적이 없지만, 그래서 진리가 없는 곳이 없다고 하지만 실제로 진리대로 살아가는 사람이 몇이나 되겠는가?

진리를 실현하는 삶은 위에서 열거한 것처럼 단순히 사람을 죽이지 않고, 죽도록 때리지도 않고, 사람을 거리로 내몰지도 않는 그러한 삶이 아니다. 때에 따라서는 사람을 죽이기도 하고, 멀리 좌천시키기도 하며, 온갖 고통을 주는 것조차 진리를 실현하는 삶이 될 수 있다. 바꾸어 말하면 앞에서 설명했던 인仁의 실천적 측면을 떠올리면 오히려 그 답은 선명하리라고 본다. 그러므로 당나라 말기의 학자인 이고李翺가 쓴 「복성서」에도 가르침에 대해 다음과 같은 내용이 실려 있다.

> 공공共工을 유배하고, 환두驩兜를 추방하며, 곤鯀을 죽이고, 삼묘三苗를 내친 것도 (감정적인) 노여움이 아니라 절도에 맞게 했을 뿐이다. 그 모두 절도에 맞았던 까닭은 천하天下에 가르침을 베풀었기 때문이다.
> 〔流共工 放驩兜 殛鯀 竄三苗 非怒也 中於節而已矣 其所以皆中節者 設敎于天下故也〕

단지 공공을 유배 보내고, 환두를 추방하였으며, 곤을 죽이고 삼묘를 내치는 것만 본다면 사람을 죽이고, 요즘 말로 좌천시키고, 배척하는 내용을 어찌 가르침이라고 하겠는가? 그러나 진리의 입장에서 행한 것이라면 그것이 바로 가르침이라고 하는 것이다. 세속적인 관점으로 보면 잔인한 것이나 진리의 입장에서 볼 때는 오히려 가장 자비로운 일일 수도 있다. 자비롭다고 한 것은 절도에 맞았다는 말 자체가 바로 자비로운 생명의 세계와 하나가 되었다는 의미이다. 그러므로 다소 비약일 수 있으나 그렇게 표현한 것이다. 당장 빵이 급한 사람에게 빵을 주기보다는 빵을 구할 수 있는 방법을 알려주는 것이 오히려 자력갱생의 힘을 길러줌으로써 궁극적인 치유를 돕게 되는 이치와 같다고 할 수 있다.

우주란 생명의 힘인 사랑의 에너지로 충만한 것이고 보면 인간사에서 말하는 어쭙잖은 동정심과는 감히 견줄 바가 아니다. 그러므로 길을 닦는 것, 즉 수도修道란 바로 진리를 드러내는 것이라 할 수 있다. 지금 이 순간, 이 자리에서 진리를 드러낸다면 그것이 바로 가르침이다. 따라서 우리가 자신은 물론이거니와 주변을 교화하려 한다면 진정 내면의 천진天眞을 꽃피울 때만이 가능하다 할 수 있다. 가장 깊은 곳에 자리한 근원, 그 천진에서 퍼 올리는 지혜로써 여러 가지 방편을 설할 수 있을 때 어떤 분야를 막론하고 진정한 가르침을 준다고 할 수 있다. 그렇지 않고 단지 기능적인 면, 잔재주를 전수하는 데 그친다면 그것은 진실한 가르침이라 할 수 없다.

그 다음 내용은 새삼스러울 것이 없다. 진리라고 하는 것은 잠시도 떠날 수 없는 것이며, 떠날 수 있다면 도道가 아니라고 하였다. 도는 물질이 아니다. 그러므로 공간이나 시간을 점유하지 않는다. 공간이나 시간을 점유하지 않는다는 말은 어떠한 형체를 띠고 있는 것이 아니라는 뜻이다. 그러므로 이곳에서 저곳으로 옮겨가는 것도 아니다. 그뿐만 아니라 도道라고 하는 것은 둘이 없는 하나이다. 온 우주를 다 감싸면서도 제 아무리 미세한 1억분의 1밖에 안 되는 티끌이라 할지라도 어김없이 담겨져 있다. 담겨져 있다고 하면 물질로 인식하기 쉬우나 진리란 물질로서 담기는 것이 아니다. 지금까지 설명한 대로 그저 하나의 에너지 장이라 할 수 있다. 거대한 생명 에너지인 것이다. 그것은 사랑의 에너지이며 환희로운 무엇이라 할 수 있다. 그러므로 그것에 닿는 순간 무한한 사랑이 싹트면서 동시에 무한의 생명력을 얻게 된다. 또한 무한의 지혜가 발산된다. 이것을 무엇으로 설명할 수 있겠는가? 그러나 분명한 것은 진리를 머금지 않은 존재는 이 세상에 아무것도 없다는 점이다. 그리고 진리와 하나가 될 때 가장 온전해진다.

  그렇기 때문에 우리가 대책 없는 삶을 살아가는 존재자라 할지라도 생명력을 유지하는 것인지도 모른다. 적어도 잠을 자는 순간만큼은 진리에 다가가기 때문이다. 맹자가 말한 야기夜氣가 보존될 수 있는 것은 헤아려 계산하고 따지는 것을 멈추기 때문이다. 약간의 비약일 수 있겠지만 사람이 수양을 통해 도모하는 것도 또한 헤아리고 계산하는 작용을 멈추고자 하는 것이다. 낮에 아무리 이전투구泥田鬪狗를 일삼았더라도 밤이 되어 숙면을 취하고 나면 양심이 살아나고 마음의 평온을 되찾게 된다. 그것은 바로 밤사이에 우주의 기운과 만나기 때문이다. 그렇다고 하여 낮에 우주의 기운과 전혀 만나지 못한다면 역시 생명력을 상실하여 더 이상 온전한 삶을 살아가기 어렵다. 우리가 인식하지 못하는 사이에 우리는 수시로 하늘의 기운, 즉 우주의 생명과 만나면서 살아간다. 다만 마음을 수시로 비우는 연습을 하는 수행자나 오랜 훈련을 통해 스스로 마음의 고요를 터득한 사람은 그 기회를 많이 확보하면서 살아가는 것뿐이다.

그렇게 스스로를 늘 다잡으면서 살아가는 사람을 군자라 한다. 공맹사상에서는 군자의 의미가 폭넓게 쓰이고 있으니, 바름을 얻고자 막 입문한 사람도 군자이다. 더욱이 이미 바름을 얻어 수행을 완성한 성인은 말할 것도 없는 군자이다. 그들 모두는 바름을 바탕으로 하는 사람이라는 입장에서는 한 가지다. 따라서 그 다음에 나오는 내용은 '보이지 아니하는 것에 경계하고 삼가며, 들리지 아니하는 것에 두려워한다'고 한 것이다.

소인은 말 그대로 도량이 작은 사람이다. 그러므로 보이는 것 위주로 살아갈 수밖에 없다. 내 몸이 나이고 내 생각이 나이고 내 소유물이 내 것인 사람이 바로 소인이다. 그것은 곧 보고 듣고 냄새맡고 맛보고 감촉하는 것을 통해 영역지워지는 세계이다. 앞에서 말했던 육신의 나이므로 육신의 눈에 의지해서 살아갈 수밖에 없게 한다. 그러므로 보이지 않는 곳에는 아무것도 없다고 여길 수밖에 없다. 그것이 소인의 한계이다. 보이지 않는 곳에는 아무도 없다는 생각은 보이는 곳에 집착할 수밖에 없다. 그러므로 겉을 꾸미면서 살아가고 남을 의식해서 살아간다. 체면이 중요할 수밖에 없으므로 허세로 일관한다. 지극히 현실적이고, 유한한 생명에 대한 불안이 늘 함께 하므로 한 살이라도 젊을 때 생을 즐겨야 한다고 생각한다. 팥을 심으면 팥이 나오는 것이 당연하다고는 생각을 한다. 그러면서도 자신의 뜻과 몸과 말로 심는 모든 것들이 원인이 되어 그 다음의 결과를 낳는다는 데에까지는 생각이 미치지 못한다. 따라서 과학적이고 합리적인 것만 믿는다고 주장하지만 결과적으로는 너무나 비과학적인 삶을 살아가고 있는 존재들이라 할 수 있다.

반면 군자, 즉 대인은 어떠한가. 보이는 것 너머의, 존재라는 인식을 초월한 모든 것의 궁극인 무엇인가를 분명하게 가늠하면서 살아간다. 간혹 그것을 실제로 감응하는 경우도 있지만, 비록 감응하지는 못하는 단계라 할지라도 분명하게 인정하면서 살아간다. 그러므로 자신이 행하는 것뿐만 아니라 말하는 것, 심지어는 생각하는 것조차도 모든 것의 원인이 됨을 분명하게 안다. 이 세상에는 보이지 않는 다양한 차원이 존재하고, 그 차원만큼이나 다양한 존재자들이 생명을 영위하면서 살아간다는 것을 알고 있다. 그러므로 함부로 말하고 행동할 수 없다. 그뿐만 아니라 마음도 함부로 내거나 거둘 수 없다. 마음먹는 순간에 더 고차원적인 존재계의 존재자들이 이미 감지한다는 사실을 분명히 알기 때문이다. 천지가 감동하도록 살아야 한다고 여긴다. 천지가 감동한다는 것은 보이지 않은 근원적인 세계에서부터 물질로 드러난 세계에 이르기까지 모든 존재자들이 감동하도록 살아야 한다는 뜻이다. 그것은 지극히 정성스러운 마음과 말과 행동을 통해서만 가능하다는 뜻이다.

따라서 보이지 아니한다고 하여 함부로 하지 않으므로 늘 경계하면서 자신을 다잡는다. 비록 자신의 귀로는 들을 수 없다고 할지라도 이미 모든 생명 안에서 자신이 노출되어 있음을 알기 때문에 두려워하지 않을 수 없는 것이다.

그 다음의 '숨은 것보다 더 잘 보이는 것이 없으며 작은 것보다 더 드러나는 것이 없다'고 하는 말도 마찬가지다. 눈에 의지하여 모든 것을 판단하는 소인은 숨은 것, 즉 드러나지 않는 것은 보이지 않으므로 볼 수가 없다. 그러나 군자에게 있어서 숨은 것은, 비록 숨어 있다고는 하나 조짐을 통해서 이미 모든 것에 드러나고 있음을 알고 있다. 그리고 작다고 하지만 그 역시 현상계로 분명하게 드러나고 있음을 알고 있다. 따라서 군자, 즉 수행에 뜻을 두어 바르게 살고자 하는 사람은 아무도 지적해 주지 못하고 오직 자신이 알아서 스스로를 단속해야 하는 상황에 놓였을 때 더욱 더 삼가는 것이다. 오히려 남이 나를 보고 있고 느끼는 상황에서는 질책도 가능하다. 하지만 혼자일 때는 분명히 보이지도 않고 드러나지도 않으나 진리라고 하는 차원에서 볼 때는 이미 백일하에 드러나 있다는 것을 안다. 그런데도 나를 다듬어 줄 존재가 겉으로 드러나지 않으므로 알지도 못하는 사이에 허물이 생길 수 있다는 것을 분명히 안다. 그러므로 더욱 더 조심하고 삼가며 살피게 되는 것이다.

계속해서 그 다음 『중용』 1장 후반부의 내용을 보기로 한다.

기뻐하고 분노하고 슬퍼하고 즐거워하는 감정이 나타나기 전인 상태를 중中이라 하고, 감정이 나타났으되 모두 절도에 맞는 상태를 화和라고 한다. 중中이라는 것은 천하의 큰 바탕이고, 화和란 천하에 모두 통하는 도리이다. 중中과 화和를 이루면 천지天地가 제자리를 잡고 만물이 (제대로) 길러진다.
〔喜怒哀樂之未發 謂之中 發而皆中節 謂之和 中也者 天下之大本也 和也者 天下之達道也 致中和 天地位焉 萬物育焉〕

기뻐하고 분노하고 슬퍼하고 즐거워하는 것들은 모두 감정이다. 여기에서 표현된 것은 네 가지이지만 사실은 칠정七情이다. 오히려 락樂이라고 하는 것은 빼어야 할 내용일 수도 있다는 것이 필자의 생각이다. 감정적인 기쁨을 락樂이라고 할 수는 없다는 생각에서이다. 그러므로 락樂을 빼고 나머지 세 가지 감정에다 두려움이라고 하는 구懼, 좋아서 끌어당기는 감정인 애愛, 미워하고 싫어해서 밀어내는 감정인 오惡, 욕망이라 표현되는 욕欲, 이렇게 일곱 개의 감정이 바로 인간이 자신의 틀 안에서 일으키는 감정이라 할 수 있다.

다시 한 번 말하지만 자신의 틀이란 내재되어 있는 유전정보이다. 일종의 컴퓨터 프로그램 같은 것이다. 불교에서는 부모님의 태중胎中에 들기 전부터 이미 잠자고 있는 업業을 이야기한다. 업에는 헤아릴 수조차 없는 생을 거치면서 형성된 선업과 악업이 있다. 그 상태로 부모님의 태중에 들어가게 되고, 또 열 달 동안 부모님으로부터 스며든 부정적이거나 긍정적인 프로그램이 만들어진다. 그리고 세상에 태어난다. 세상에 태어나서도 계속적으로 업은 만들어진다. 그러므로 바뀌는 프로그램도 있게 마련이다. 도박을 좋아했지만 끊임없는 노력으로 그것을 끊는다든지, 술이나 담배를 중독되리만치 좋아했으나 낳는다면 내재되어 있던 프로그램 역시 바뀐다. 그 바뀐 프로그램으로 나타나는 대상을 만나게 된다. 나타나는 대상에는 눈으로 만나는 것이 있고 귀로 만나는 것이 있다. 코로 만나는 것이 있고 혀나 몸으로 만나는 것이 있다. 그뿐만 아니라 생각으로 만나는 것도 있다. 그 가운데 눈으로 만나는 것을 한 번 정리해 보면 이렇다.

객관적으로 가장 아름다운 여인이나 가장 멋진 남성이 눈앞에 나타났다고 상상해본다. 그러면 모든 사람들이 한결같이 예쁘다거나 멋지다고 해야 하는데 현실은 그렇지 않다. 어떤 사람은 감탄으로 탄성을 지르는 반면 또 어떤 사람은 고개를 돌리는 경우까지 있을 수 있다. 주변을 한번 돌아다보라. 젊은이들이 흠뻑 빠지는 연예인을 연세 드신 분들이 하찮게 생각하는 경우는 종종 있는 일이다. 사람뿐이겠는가. 꽃이나 동물들에 이르기까지 저마다 느끼는 호오好惡는 다를 수밖에 없다. 그 이유는 바로 내재되어 있는 프로그램이 달라서 그렇다. 소리도 마찬가지다. 똑 같은 음악을 듣고도 졸고 있는 사람이 있는가 하면 숫제 꺼버리는 사람도 있고, 감동의 선율이라며 눈물을 흘리는 사람도 있다. 향기를 비롯한 냄새 역시 마찬가지다. 이 모든 것이 다 자신에게 내재되어 있는 유전정보, 즉 프로그램에 의해 판단된다는 것이다.

이러한 프로그램은 말 그대로 순수한 본바탕에 덧칠되어진 것과 같다. 그러므로 본래 천성이 드러날 수 없게 된다. 천성 그대로 사물을 맞닥뜨릴 수 없게 만든다. 마치 달을 가리고 있는 구름이나 햇빛을 가리고 있는 구름과 같다. 달이나 해가 없는 것이 아니지만 없는 것처럼 보이게 만든다. 그래서 선명하게 실재實在를 볼 수 없게 된다. 그런데 정작 중요한 문제는 사람들은 흔히 그러한 유전정보 내지는 프로그램을 자기 자신이라고 믿는다는 것에 있다. 적어도 자기 자신이려면 자기 마음대로 되어야 하고, 또 변덕도 없어야 한다. 방금 전까지는 좋았는데 단 1초도 안 가서 싫다면 그것을 어찌 자기 자신이라고 할 수 있을 것인가. 자기 자신이 그렇게도 뒤죽박죽일 수 있는 것인가? 이렇게 부지불식간에 달라지는, 그래서 심지어 자기 스스로도 그러한 모습에 깜짝깜짝 놀라게 되는 그것은 단지 감정일 뿐이다. 감정은 절대로 결코 본인이 될 수 없다. 다만 내재되어 있는 프로그램에 의해 좋다고 느꼈지만, 또는 싫다고 느꼈지만 상황에 따라서 달라지는 것이다. 그게 그런 줄 알았는데 정신차리고 보니 아니더라는 이야기가 왕왕 회자되는 것도 그 때문이다. 그렇다면 이제 '희로애락이라고 하는 감정이 나타나기 전이 중中'이라고 하는 말을 다시 한 번 되새겨 보기로 하자.

감정은 본인에게 내재되어 있는 프로그램에 의해서 대상과 만나는 순간 생겨나는 것이다. 그런데 그 감정이 발생하지 않은 상태란 무엇이겠는가? 감정이 생기지 않으려면 프로그램이 제거되어야 한다. 온갖 선행학습을 포함한 후천적인 모든 경험에서 축적된 프로그램들이 청소되어야 한다. 깨끗한 바탕을 유지하여야 한다. 아무런 덧칠이 없어야 한다. 그래야 자신의 관점을 흐리게 하고, 진실을 제대로 보지 못하게 하는 일이 발생하지 않는다. 그리고 그때를 중中의 상태라고 한다. 중이란 앞에서도 언급했던 것처럼 진실, 혹은 진리이고 생명이며 사랑인 동시에 실상의 또 다른 표현일 뿐이다. 모든 것의 중심이 바로 중이다. 그러므로 그 중이라고 하는 진실한 바탕이 그대로 드러날 수 있는 대상은 오직 성인聖人뿐이다. 결국 중中은 성인의 영역을 표현하는 말이라 할 수 있다.

그 다음, 희로애락이라고 하는 감정이 나타났으나 모두 절도에 맞는 것을 일러 화和라고 하였다. 여기에서는 일단 감정이 나타났다고 하는 대목에 주목해야 한다. 감정이 나타났다는 말은 자기의 틀, 즉 프로그램이 작동했다는 뜻이다. 그것은 곧 일반적인 중생들의 영역을 말한다. 중생들은 모두 다 인식의 틀을 가지고 있다. 그뿐만 아니라 그 틀은 중생의 수만큼 다양하다. 하나의 대상을 두고 바라보는 렌즈가 제각각 다른 색깔과 모양으로써 본다는 뜻이다. 물론 귀와 코와 혀에 있어서도 마찬가지다. 그뿐이겠는가.

중생 개인들조차도 하나의 경계를 두고 여러 가지 인식의 틀로써 마주한다. 그 숫자는 개인차가 있어서 모두 다르다. 복잡한 사람은 그 틀이 더 헤아릴 수조차 없이 복잡하게 많다. 단순한 사람은 그 인식의 틀 숫자가 적다. 그러므로 생각이나 행동도 단순할 수밖에 없다.

그런데 그렇게 다양한 사람들이 감정을 드러냈는데 모두 절도에 맞는 것이 화和라고 하였다. 어떻게 가능할 수 있겠는가? 말 그대로 화란 화합이고 동시에 조화로움이며 어울림이다. 하나됨이다. 제각각이면서도 하나되는 것이 바로 화이다. 제각각인 자리는 저마다 자신의 몫이 있다는 뜻이고, 하나라는 것은 진리와 함께 한다는 뜻이다. 즉 자기 자리에서 제 몫의 소리를 내어서 서로 어울려 하나로 완성된다고 하면 적합한 해석이 될 것이다. 보통 사람들이 화합이 중요하다고 하면서 어울릴 줄은 알지만 그것으로 하나를 이루어 완성시키는 데까지는 이르지 못하는 경우가 많다. 이때 하나를 이루어 완성한다는 뜻은 바로 진리와 하나되어 모두가 살아나는 것을 의미한다. 자신이 죽는 줄을 모르는 채, 혹은 남을 죽이고 있는 줄도 모르는 채 그렇게 어울림만을 좇아서도 안 된다는 뜻이기도 하다. 이 말을 제대로 이해하려면 공자의 화和에 대한 정의를 들어보는 것이 순서이다.

> 행하지 말아야 할 것이 있으니, 화和를 (이루는 것이 좋은 줄) 알아서 조화롭게 하려고만 하고 예禮로써 절제하지 않는다면 또한 행하면 안 되는 것이다.
> 〔『논어』「학이편」 12장: 有所不行 知和而和 不以禮節之 亦不可行也〕

앞에서 언급한 하나를 이룬다는 의미에 대한 공자의 말씀이다. 어울리되 그것이 단지 모사를 위한 야합이어도 좋다는 뜻이 아니라는 쐐기를 박는 말씀이다. 그 어울림이 예에 맞지 않는다면 행하지 말아야 한다는 뜻이다. 예란 하늘에 그 뿌리를 두고 있다고 앞에서 이미 설명하였다. 부연설명하자면 사람이 모두 진리를 실천하면서 살아야 이 세상이 완전한 조화를 이룰 수 있고, 존재하는 모든 것들이 제 몫을 살아낼 수 있다. 유교에서 말하는 진리는 하늘로 표현된다. 그 하늘을 실천할 수 있는 사람은 성인聖人이다. 성인은 모든 행동 양상이나 마음 씀씀이까지 하늘과 하나되어 살아가는 존재들이다. 그것을 천인합일이라고 한다. 반면 평범한 일반 사람들은 하늘을 알지 못하기 때문에 진리를 실천할 수 없다. 그러므로 그들이 하늘을 실천할 수 있는 방법은 성인의 삶을 따르는 것밖에 없다. 따라서 성인의 모든 행동 양상과 마음 씀씀이에 대해 상세히 정리한 것이 바로 예禮이다. 그러므로 예를 다른 말로 표현하면 우주의 질서라 할 수 있다. 그것의 의미가 희석되다보니 단지 '사회질서'쯤으로 그 의미가 퇴색한 것이다. 결론적으로 '화和가 중요한 줄로만 알고 예로써 절제하지 않는다면 그것 역시 행하면 안 된다'고 하는 말은 어울림의 목적이 바로 진리의 실현에 있다는 뜻이다. 그러므로 다시 『중용』의 원문에 대해 정리해 보면 이렇다. '감정이 발하여 모두 절도에 맞는 것을 화和라고 한다'는 말은 이미 저마다의 자기 인식의 틀로 인식하는 일반 사람들이 그 틀에 매어 살아가지 않고, 예에 맞추어 그것에 맞을 때 칠정七情을 일으킨다면 그것이 바로 절도에 맞는 행동이고, 그때 비로소 조화로운 세상이 구현된다는 뜻이다. 이어서 그 다음 내용, "중이란 천하의 큰 바탕이고, 화란 천하에 모두 통하는 도리이다"에 대해 살펴보기로 한다.

중이란 이 세상이 모두 뿌리박고 있는 바탕이다. 모든 생명의 실상인 본바탕이다. 생명의 근원이고 모든 존재자의 어머니 자리이다. 모든 것을 낳는 자리이다. 모든 것이 나고 드는 문이기도 하다. 그렇기 때문에 성인만이 실천 가능한 자리이다. 그리고 화和란 예를 통해서 가능한 것이므로 예를 실천할 때는 통하지 않는 곳이 없다. 사람은 물론이거니와 우주 만물에 이르기까지 모두 다 하늘을 품절해 놓은 예를 통한다면, 다시 말해서 우주의 질서를 따라간다면 통하지 않는 곳이 없게 된다. 그러므로 예를 지킴으로써 조화롭게 살아가야 하는 것이 바로 인간이 걸어야 할 도리이다. 이어지는 그 다음 내용, "중화中和를 이루면 천지가 제자리를 잡고 만물이 제대로 길러진다"고 하는 말을 살펴보기로 한다.

성인이 법답게 살아가고 일반 사람들 또한 우주의 질서를 거스르지 않아서 중中과 화和가 이루어지면 하늘과 땅이 제자리를 잡게 된다. 그리고 천지가 제자리를 잡게 되면 당연히 존재하는 모든 것이 다치는 일이 없게 될 것이다. 제 몫을 다하는 데 다른 것들에 의해 장애를 받지 않게 된다는 뜻이다. 그렇게 되면 결과적으로 우주만물이 모두 제대로 잘 길러지게 된다는 의미이다. 다음은 『중용』 2장 군자의 길과 소인의 길에 대한 내용을 살펴볼 것이다. 군자의 길은 중용에 바탕하고 소인의 길은 그 중용에서 이탈됨을 의미한다. 본문을 살펴보기로 한다.

공자께서 말씀하셨다. 군자는 중용하고(중용으로 살고) 소인은 중용과 반대로 한다(중용과 반대로 산다).

이 세상에 길은 둘뿐이다. 바르게 사느냐 바름을 등지고 사느냐 하는 것이다. 다시 말해서 진리를 따르느냐 진리를 거스르며 사느냐 하는 것이다. 삶을 살다 보면 본전, 즉 그동안 투자한 노력이나 물질이 아까워서 과감히 돌아서지 못하는 경우가 많다. 처음에는 모르고 갔다고 하지만 알고 난 후에도 돌아서지 못한다면 그보다 더 어리석은 경우는 없다. 만약 등산을 갔다가 동쪽으로 가야 할 길을 서쪽으로 몇 십 킬로미터 갔다고 하면 잘못 갔다는 사실을 아는 순간 얼른 뒤돌아 제대로 가야 할 것이다. 그러나 어떤 사람들은 오히려 그곳에서 요행을 바란다. 설마 여기까지 왔는데 잘 찾아보면 여기에도 길은 있을 거라고 생각하는 경우가 있다. 심지어 노름판에서는 이판사판의 심정으로 잘못인 줄 알면서도, 이미 이성이 마비되었다는 사실을 알면서도 끝내 멈추지 못하는 경우도 있다. 이 모든 것들은 군자의 모습이 아니다. 소인의 모습이다. 『중용』 14장의 '소인은 위험한 것을 행하면서도 요행을 바라고, 군자는 평이한 곳에 처하여 명을 기다린다'고 하는 말이 바로 그 뜻이다. 다음 살펴볼 내용은 앎이라고 하는 것 자체의 모순에 대한 설명이다.

공자가 말씀하셨다. "사람들은 '나는 지혜롭다'고 말하지만, (스스로를) 그물이나 덫, 함정 속으로 밀어 넣어도 피할 줄을 모르며, 사람들은 모두 '나는 지혜롭다'고 하면서도 중용을 택해서 한 달도 지키지를 못하는구나."

〔같은 책 7장: 子曰 人皆曰予知 驅而納諸罟擭陷阱之中而莫之知也 人皆曰予知 擇乎中庸而不能期月守也〕

지혜롭다는 것이 무슨 뜻인가? 잘 안다는 뜻이라 생각한다. 그렇다면 스스로 지혜롭다고 생각한다는 말은 잘 알고 있다고 생각한다는 뜻이다. 그런 사람들이 주변에서 함정을 파거나, 덫을 놓아서, 혹은 그물을 쳐 놓고 그 속으로 밀어 넣는데도 모른다는 것이다. '제 꾀에 제가 넘어간다'는 속담처럼 흔히 스스로 많이 안다고 하는 사람들은 그 안다고 하는 자만에 의해 제 발로 불행의 늪에 빠지고 마는 경우가 많다. 즉 남을 이기려는 생각이나 남을 이용하려는 생각이 거꾸로 자신을 향한 비수가 되어 돌아오는 경우를 말한다. 우조티카라고 하는 수행자는 "나를 상하지 않고 남을 상하게 하는 법은 없다"고 하였다. 같은 맥락이다. 화를 부르는 것의 모든 원인은 결국 욕심이다. 스스로 지혜롭다고 여기는 자체가 이미 나와 남으로 나누어 남보다 내가 더 똑똑하다고 생각한다는 뜻이다. 내가 있는 한 남보다 낫고 싶어진다. 그 마음에 이미 함정이 들어 있다. 그 마음에 덫이 놓여 있다. 나와 남이 없어야 가장 지혜로운 자이다. 스스로 똑똑하다고 하는 사람은 남이 있는 사람이므로 이미 스스로를 옭아매기 시작한 사람이다. 그 때문에 언제나 스스로 고통을 안고 살아간다.

그것이 결국 스스로 중용을 택할 수 없게 만든다. 중용을 택할 수 있는 지혜로운 사람은 우선 '나'를 내려놓아야 한다. 나를 내려놓는다는 말은 나라고 하는 틀을 없앤다는 뜻이다. 나라고 하는 틀이 없으므로 사물을 바로 볼 수 있게 된다. 감정에 휩싸이지 않기 때문이다. 사물이나 사건에 맞닥뜨릴 때, 즉 경계를 만났을 때 그 자체를 바로 보는 눈이 떠 있는 상태이다. 그러므로 왜곡된 시선에서 벗어날 수 있게 된다. 반면에 스스로 지혜롭다고 하는 사람들은 이미 자신의 감정에 휩싸여 살기 때문에 바름을 보지 못한다. 따라서 중용을 택할 수도 없을 뿐만 아니라 택한다고 할지라도 한 달도 지킬 수 없게 된다. 다음은 도道와 사람의 관계에 대한 13장의 내용을 차례로 살펴보기로 한다.

공자가 말씀하셨다. "도가 사람에게서 멀리 있지 않으니 사람이 도를 행하면서 사람을 멀리한다면 그것을 도라고 할 수 없다.『시경』에 이르기를 '도끼 자루를 베네 도끼 자루를 베네 그 법이 멀리 있지 않다'고 하였으니, 도끼 자루를 가지고 도끼 자루를 베면서 흘려보면서도 오히려 그것을 멀게 여긴다. 그러므로 군자는 사람을 가지고 사람을 다스리다가 잘못을 고치면 그친다. 충忠과 서恕는 도에서 벗어남이 멀지 아니하니 자기에게 베풀어서 원하지 아니하는 것이면 또한 남에게 베풀지 아니한다."

〔子曰 道不遠人 人之爲道而遠人 不可以爲道 詩云 伐柯伐柯 其則不遠 執柯以伐柯 睨而視之 猶以爲遠 故君子 以人治人 改而止 忠恕 違道不遠 施諸己而不願 亦勿施於人〕

진리란 흔히 말하는 보편타당성을 갖는다. 어느 곳이나 없는 곳이 없고, 어디에서나 통하는 것이다. 그러므로 지극한 진심 앞에서는 무정물無情物이나 미물까지도 감응을 일으키는 법이다. 하물며 도를 행한다고 하는 사람이 사람을 떠나려 한다면 그것을 어찌 도를 한다고 할 수 있겠는가. 그런데 여기서 주의할 것이 있다. 사람을 떠나서 도를 구하면 안 된다는 말을 사람 속에 섞여야만 한다는 말로 오해하지 말라는 것이다. 다시 말해서 단지 도를 추상적인 것으로 인식하여 사람 밖에 있는 것으로 여겨서는 안 된다는 뜻이다. 그렇다고 사람들이 없는 곳에서 수행을 하는 것조차 틀렸다고 하는 것은 아니다. 언제나 어느 곳에나 모든 것이 다 도道 아님이 없으므로 공자는 『시경』의 내용을 빌어 도끼 자루를 들고 도끼 자루를 벤다고 말한 것이다. 사람의 일은 사람으로서 해결하고 사물의 일은 사물로써 해결한다. 이처럼 각각의 분수로써 다스리지만 그렇다고 도가 둘인 것은 아니다. 오직 하나

일 뿐이다.

그것이 무엇인가? 바로 인仁, 사랑, 자비이며 만물을 살리는 힘이다. 모든 것에 내재되어 있는 생명이다. 사람에게는 삶이기도 하다. 도란 이와 같이 삶을 이야기하는 것이다. 삶에서 대상과의 관계는 바로 충과 서로써 실천한다. 충이 바로 진실한 마음, 즉 내 안에 내재되어 있는 진리로써 불변하는 마음인 만물을 살리는 사랑의 마음이다. 그 진리로써 마주한 세계와 교감한다. 그것이 바로 서恕이다. 내 안의 욕심이나 계산된 마음이 아니라 진실한 진리의 마음으로써 상대에게 나아가는 것이다. 그러므로 그 마음을 받은 상대도 함께 살아난다. 기뻐한다. 생명을 회복한다. 그것은 감응으로 나타난다. 공명共鳴을 이루어 함께 어울린다. 그때 모든 세상은 조화를 이루게 된다. 그 다음은 '지금 바로 여기'를 말하는 14장의 내용이다.

> 군자는 그 자리에 따라 행하고 그밖의 것을 원하지 않는다. 부귀에 처해서는 부귀를 행하고, 가난하고 천함에 처해서는 그 가난과 천한 대로 행하며, 이적夷狄에 처해서는 이적대로 행하고, 환난患難에 처해서는 환난대로 행하니, 군자는 들어가는 곳마다 스스로 만족하지 않음이 없다.
> 〔君子 素其位而行 不願乎其外 素富貴 行乎富貴 素貧賤 行乎貧賤 素夷狄 行乎夷狄 素患難 行乎患難 君子無入而不自得焉〕

6. 중용예찬

자리에 따라 행한다는 말은 곧 지금 바로 여기에 최선을 다한다는 뜻이다. 사실 따지고 보면 우리는 항상 미래를 꾸어오거나 과거를 붙들어매면서 살아간다. 그런데 과거를 잡고 살아가거나 미래를 꾸어오는 일은 언제나 실제가 될 수 없다. 시간 낭비일 뿐이다. 혹자는 미래를 준비해야 하지 않느냐고 반문할 수도 있다. 그러나 미래를 위한 준비가 미래를 고민하는 일은 아니다. 미래를 고민하는 일보다는 미래의 목표를 정하는 일이 오히려 생산적이다. 그것은 미래를 꾸어오는 일도 아니다. 목표가 없이 어찌 방향키를 잡을 수 있겠는가. 목표는 정하되 지었다 부수는 일을 반복하는 고민은 하지 말아야 한다. 오직 묵묵히 지금 이 순간을 성실하게 살아야 한다. 그것이 군자가 갈 길이다. 그리고 그것이야말로 현재에 대한 절대적인 긍정이다.

긍정은 의심이 없는 것이다. 의심이 없으면 생각이 흩어지지 않는다. 따라서 현재를 살게 된다. '지금 바로 이 자리'에 처하게 된다. 그러므로 긍정은 모든 일을 하는 데 초석이라 할 수 있다. 그렇게 절대적인 긍정의 힘이 없으면 집약된 힘이 나올 수 없다. 그 절대적인 긍정의 힘으로 부귀에 처하면 부귀를 행한다. 부귀를 행하지만 부귀란 생각도 없이 행한다. 이것저것 따지고 헤아리는 것은 이미 긍정에서 이탈된 것이다. 이탈했으므로 생각이 흩어지는 것이다. 가난에 처했을 때 역시 마찬가지다. 어려움에 처해서도 역시 그렇다. 오랑캐라고 해서 달라질 것이 없다. 마주하는 상대가 그 어떠한 대상이든 상관이 없다. 묵묵히 그 처해진 상황을 온전히 수용하여 적합하게 응대할 뿐이다. 그러므로 처하는 곳마다 만족하지 않는 일이 없다. 그 결과 윗자리에 있으면 아랫사람을 업신여기지 아니하고, 아랫자리에 있어서는 윗사람에게 매달리지 않는다. 오직 자기를 바르게 할 뿐 남에게서 구하는 바가 없으면 원망할 일도 사라진다. 이 모든 것이 바로 군자가 갈 길이고 중용의 길인 것이다. 다음 이어지는 내용이 그것이다.

윗자리에 있으면 아랫사람을 업신여기지 않으며, 아랫자리에 있으면 윗사람을 매달리지 않고, 자기를 바르게 하고 남에게서 구하지 아니하면 원망할 것이 없다. 위로는 하늘을 원망하지 아니하고 아래로는 남을 탓하지 아니한다. 그러므로 군자는 쉬운 데 처하여 명을 기다리고 소인은 위험한 것을 행하여 요행을 바란다. 공자께서 말씀하셨다. "활쏘기는 군자와 유사함이 있으니 (활을 쏘아) 정곡을 맞히지 못하면 돌이켜 자기의 몸에서 (그 원인을) 찾는다."
〔在上位 不陵下 在下位 不援上 正己而不求於人 則無怨 上不怨天 下不尤人 故君子居易以俟命 小人行險以徼幸 子曰 射有似乎君子 失諸正鵠 反求諸其身〕

이어지는 15장은 중용을 실천하는 것에 대한 내용이라 할 수 있다. 마치 어린아이가 자라면서 지식을 습득해 가는 것과 같은 이치이다. 아무리 대학원의 내용이 모든 것을 아우를 수 있는 고차원적인 내용이라 할지라도 어린아이에게는 무리이다. 군자의 길도 마찬가지이다. 군자의 길이 비록 진리를 실천하는 중용에 있다 할지라도 그 시작은 가까운 데서부터 출발해야 한다. 그것이 바로 비유하자면 먼 곳에 가더라도 반드시 가까운 데서부터 출발하는 것과 같고, 높은 곳에 오르더라도 반드시 낮은 데서부터 출발해야 하는 것과 같다. 그 뒤에 나오는 『시경』의 내용은 삶과 관련된 것이다. 일단 본문 내용을 먼저 살펴보기로 한다.

군자의 길은 비유할 것 같으면 먼 곳에 가더라도 반드시 가까운 데서부터 행하는 것과 같으며, 높은 곳에 오르더라도 반드시 낮은 데서부터 출발하는 것과 같다. 『시경』에 이르기를, "처자가 좋아하고 화합함이 금슬을 타는 듯하며, 형제가 이미 화합하여 화락하고도 즐겁구나. 너의 집안을 마땅하게 하며 너의 처자들을 즐겁게 한다" 하였거늘, 공자는 (이 시를 보고) "부모는 순조로울 것이다"고 하였다.
〔君子之道 辟如行遠必自邇 辟如登高必自卑 詩曰 妻子好合 如鼓瑟琴 兄弟旣翕 和樂且耽 宜爾室家 樂爾妻帑 子曰 父母 其順矣乎〕

이미 앞에서 공자가 "우리 도는 하나로써 꿰뚫는다"고 하였을 때, 공자의 제자인 증자가 즉시 답하였고, 그 내용인 즉 충서忠恕라고 하였다. 그러므로 군자의 길은 충서를 실천하는 것으로 바꾸어 말해도 무리가 없을 것이다. 그런데 충忠은 말 그대로 진리를 회복하여 내 안의 본 마음이 된 상태이고, 서恕는 내가 회복한 진리, 즉 그 빛나는 밝음(명덕)으로써 주변을 밝게 확충하는 것(친민 혹은 신민)이라 하였다. 그리고 진리를 회복하는 것, 즉 충忠이 되었다면 인仁을 회복한 것이라 할 수 있다. 또 인을 행하는 근본은 바로 효제孝悌를 실천하면 되는 것이다. ―이에 대해서는 앞의 충서忠恕와 효제孝弟 장에서 다룬 바 있다.― 그러므로 『중용』15장에서 『시경』을 인용한 부분은 바로 그 효제의 내용을 가리키고 있다. 처자와 형제간 모두 좋아하고 화합하여 조화로움이 금슬을 타는 듯하다는 내용에, 공자는 부모가 마음이 순順하리라고 한 것이다. 순順은 마음에 거리낄 일이 없음을 말한다. 마음에 거리낌이 있다는 것은 주변 여건이 순탄치 못하다는 뜻이다. 주변 여건 가운데 가장 부모님의 마음을 흔드는 일은 바로 권속들의 불화일 것이다. 부모형제간의 반목이야말로 부모님의 마음 뿌리를 뒤흔드는 일이기 때문이다. 따라서 부모님의 마음에 근심스럽고 슬프고 고통스러운 번뇌가 일어나게 만든다. 번뇌야말로 심신의 조화를 깨는 주범이므로 만병의 근원이라 할 수 있다. 결국 아무리 굳센 의지로써 진리를 실천하고자 하여도 부모에게 효도하지 못하고 형제간에 우애가 없게 된다면 그 첫 걸음조차 뗄 수 없게 될 것이다. 그러므로 공자는 인仁을 행하는 근본으로 효孝와 제悌를 꼽은 것이라 할 수 있다.

다시 말해서 중용이란 하늘과 사람이 만나 서로 공명하는 것이므로 천인합일天人合一이라 할 수 있다. 그리고 천인합일의 길을 가는 사람을 군자라 하였다. 그러므로 군자의 길은 바로 인仁을 실천하는 데 있다고 할 수 있다. 인을 행하는 시작은 부모에게 효孝하고 형제간에 제悌하는 것에서부터 시작된다. 즉 천지와 공명하여 조화로움을 꾀하는 데 그 시작은 부모형제와 조화로운 것, 바로 내 주변에서부터 시작한다는 뜻이다. 그것이 바로 먼 곳에 가더라도 가까운 데서부터 출발하는 것이며, 높은 곳에 이르더라도 반드시 낮은 데서부터 출발하는 것과 같은 이치이다. 다음 소개할 16장은 귀신鬼神의 공효功效에 관한 내용이다. 즉 천지우주의 조화를 설명하는 내용이다. 본문을 살펴보기로 한다.

공자께서 말씀하셨다. "귀신의 덕됨이 그 성대하다. 보아도 보이지 않으며 들어도 들리지 않지만 물物을 체體로 하여 빠뜨릴 수 없다. 모든 사람들로 하여금 재계하고 깨끗이 하여 옷을 잘 차려입고 제사를 받들도록 하고, 양양하게 그 위에 있는 것 같으며 그 좌우에 있는 듯이 한다." 『시경』에 이르기를 "신의 이르심을 헤아릴 수 없거늘 하물며 싫어할 수 있겠는가?" 하였다. 대저 은미한 것의 드러남과 정성스러움을 숨길 수 없는 것이 이와 같구나.

〔子曰 鬼神之爲德 其盛矣乎 視之而弗見 聽之而弗聞 體物而不可遺 使天下之人 齊明盛服 以承祭祀 洋洋乎如在其上 如在其左右 詩曰 神之格思 不可度思 矧可射思 夫微之顯 誠之不可揜 如此夫〕

실상의 세계는 변화로써 현상에 드러난다. 정자가 "귀신은 천지의 공용功用이며 조화造化의 자취이다〔鬼神天地之功用 而造化之迹也〕"라고 하고, 장자는 "귀신은 음양 두 기운의 양능이다〔鬼神者 二氣之良能也〕"고 하였으며, 주자는 "귀는 음의 영이고 신은 양의 영이다. 한 기운으로써 말하면 이르러 펴짐은 신神이고 돌아되돌아감은 귀鬼가 되니 실제는 한 물건일 뿐이다〔鬼者陰之靈也 神者陽之靈也 以一氣言 則至而伸者爲神 反而歸者爲鬼 其實一物而已〕"라고 한 말처럼 그 변화를 일으키는 동력이 바로 귀신이라는 뜻이다.

실제로 현대과학이 밝혀낸 우주의 원리 역시 귀신을 벗어나지 않는다. 화이트홀과 블랙홀을 포함한 이 세상에 존재하는 모든 것들은 상대를 벗어날 수 없기 때문이다. 하나로 되어 있는 것들도 역시 그 하나 안에서 음양을 띠고 있다. 하나를 선택하는 순간 둘이 짝하는 것과 같은 원리라 할 수 있다. 당기는 힘이 있으면 미는 힘이 있고, 굽히는 힘이 있으면 펴는 힘이 있는 것과도 같다. 그러므로 귀신을 바꾸어 말하면 우주변화를 일으키는 당체라고 할 수 있다. 공자가 귀신의 덕됨이 성대하다고 한 이유도 거기에 있다. 천지에 꽉 차 있으면서 만물의 생성과 소멸의 원동력이 되는 기氣, 혹은 에너지가 바로 귀신이다. 공자가 흘러 움직여 충만하다고 한 이유도 천지 사이에 꽉 차 있는 에너지이기 때문에 그렇게 표현한 것이다. 그 때문에 만물을 몸으로 하여 빠뜨리는 법이 없다고 하였다. 따라서 만물의 변화는 그 귀신에 의해 일어난다. 그러나 눈이나 귀라고 하는 감각기관에 잡히는 존재가 아니다. 물질이 아니기 때문이다. 물질은 아니지만 분명히 모든 공덕이 나오는 곳, 즉 공덕장功德藏이다. 모든 사물을 다 운용하는 바탕이다. 그러므로 모든 사람들로 하여금 최대한의 예를 갖추어 제사를 받들게 하라고 하였다. 정성을 다 드리라는 말이다. 사람도 공덕장을 벗어난 존재는 아니므로 그 은택을 떠날 수는 없기 때문이다. 제사를 지내되 눈에 띄지 아니하고 귀로 들을 수 없다 하여 아무렇게나 지내면 안 된다. 제상 위에 임한 듯이 하고 좌우에 계신 듯이 공경하여 받들라고 하였다. 그 존재는 은미하여 알 수 없지만 만물에 이미 드러나 있고, 한 순간도 멈추지 않는 그 작용은 정성스러워서 숨길 수 없다는 것이다.

다시 한 번 16장을 총체적으로 정리하면 다음과 같이 이해할 수 있다. 즉 진리를 실천하고자 하는 군자는 이 천지우주라고 하는 세계를 대함에 있어 예를 다 갖추어 한 순간도 소홀함이 없어야 함을 강조한 내용이다. 비록 감각기관에 잡히지는 않지만 엄연하게 사물에 작용하는 모습을 통해 그 은미한 실체를 헤아린다. 그리고 이미 가늠이 되었으면 정성을 다하여 섬기되 마치 그가 처한 주변 어디에나 임하여 계신 듯이 한다. 과연 이러한 마음가짐과 자세로 공부를 한다면 천지우주와 곧 감응이 일어나며 수행에도 분명한 진전이 있다.

다음 소개할 17장은 순임금을 통해서 이 우주에서 사람이 도달해야 할 궁극적인 종착지를 설명한다. 그리고 한편으로는 사물이 각기 그 재목에 따라 쓰임이 달라지듯이 사람 또한 마찬가지여서 각각의 분수에 따라 명을 받는다는 것을 설명하는 내용이다. 다시 말해서 사람은 누구나 진리를 실천해야 하며, 그것은 곧 도를 따르는 길이고 중용의 길이다. 중용의 길을 가게 되면 얻는 것이 있는데 그것이 바로 덕德이다. 덕이 발현되면 반드시 주변에 사람이 모이게 되어 있다. 그뿐만 아니라 하늘이 그 사람을 쓰게 된다. 그 대표적인 인물이 바로 순임금이다. 본문의 내용을 통해 살펴보기로 한다.

공자가 말씀하셨다. "순은 대효이시다. 덕으로는 성인이 되시고 높기로는 천자가 되시고 부유함으로는 사해 안을 가지셨다. 종묘에서 제사지냈고 자손이 그를 보존하였다. 그러므로 위대한 덕은 반드시 그 지위를 얻으며 반드시 그 복록을 얻으며 반드시 그 이름을 얻으며 반드시 그 수壽를 얻는다. 그러므로 하늘이 물건을 낼 때에는 반드시 그 재목에 따라서 강화시킨다. 따라서 심은 것은 북돋워주고 기운 것은 엎어버린다. 『시경』에 이르기를 '아름답고 즐거운 군자여 빛나는 덕이로다. 백성들에게 적합하고 관리들에게 적합하여 하늘에서 녹을 받는구나. (하늘은 그를) 보호하고 임명하였고 (그에게 명을 내리기를) 거듭하였다'고 하였다. 그러므로 위대한 덕이 있는 자는 반드시 명을 받는다."

[『중용』, 17장: 子曰 舜其大孝也與 德爲聖人 尊爲天子 富有四海之內 宗廟饗之 子孫保之 故大德 必得其位 必得其祿 必得其名 必得其壽 故天之生物 必因其材而篤焉 故栽者 培之 傾者 覆之 詩曰 嘉樂君子 憲憲令德 宜民宜人 受祿于天 保佑命之 自天申之 故大德者 必受命〕

위의 글은 앞에서 이미 설명한 학문의 완성에 대해 거듭 확인시켜 주는 내용이다. 공자가 "우리 도는 하나로써 꿰어 있다"고 했을 때 증자는 그 하나를 충서忠恕로 풀었다. 그 가운데 충은 자아의 완성이고 서는 주변에 대한 제도濟度라고 이미 앞에서 설명하였다. 그리고 그것이 바로 공자의 핵심사상인 인仁의 실천과 맞물리는 것이었음도 알았다. 인의 실천이란 다름 아닌 만물을 제대로 살리는 데 있으므로 인간이 주변을 살리는 방법은 충서를 통해서 가능하다. 그러므로 충서의 첫걸음은 인仁을 행하는 근본인 효제에서부터 시작한다. 그런데 순임금은 성인이 되었으니 자아의 완성, 즉 충忠을 다한 것이고, 천자가 되어 널리 백성들을 구제하시니 서恕를 다한 것이다. 그뿐만 아니라 부모가 가장 바라는 것이 자식의 행복이라고 본다면 부귀해지는 것 이상은 없다. 그런데 천자가 되었으니 귀함을 다한 것이고, 그로 인하여 천하를 다 소유한 격이니 부유함을 다한 것이다. 이상의 내용이 살았을 때의 광영光榮이라면, 종묘에서 제사로써 받들어지는 것은 죽어서의 광영이라 할 수 있다.

그런데 사실 위의 17장에서 정작 전하고 싶은 메시지는 따로 있다고 할 수 있다. 그것은 바로 덕德으로, 덕에 대해 말하고 싶어서 순임금을 예로 든 것이다. 덕이란 앞에서 이미 설명한 것처럼 사람이 '얻은 것'이다. 하늘에서 받은 본성이 온전히 드러날 때 비로소 덕이라 할 수 있다. 그러므로 덕은 위대한 것이다. 위대하다는 것은 그 무엇도 그것에 견줄 것이 없다는 뜻이다. 오직 하늘의 일에 동참할 수 있는 자는 덕인德人밖에 없기 때문이다. 따라서 위대한 덕을 지닌 사람은 더 이상 사람의 일을 행하는 자가 아니다. 하늘의 일을 행하는 자이다. 그 때문에 하늘이 그를 쓰는 것이다. 그에게 가장 적합한 자리에 앉히고 그에 합당한 녹봉을 내리며 그 이름을 빛나게 하고 애초에 부여받은 천수를 다 누리게 하는 것이다.

그런데 하늘이 하는 일은 그뿐만이 아니다. 우리가 인식하지 못하고 살아서 그렇지 물건마다 그 쓰임에 맞게 만들어간다는 것이다. 크게 쓰고자 하면 크게 단련을 시킴으로써 그 마음그릇을 확장시키고 지혜를 열어준다고 한다. 그리하여 장차 그 인물의 그늘에 스며들 사람들을 맡길 만한 재목으로 만들어가기까지 한다. 그 과정에서 자랄 듯싶은 나무는 북돋워주지만 이미 틀렸다 싶으면 엎어버린다고 한다.

  실제로 필자는 우리 몸을 대상으로 유의하여 관찰한 경험이 있다. 사람도 하늘이 심은 것이니 사람의 몸에서 하늘의 일을 관찰할 수 있다는 생각이었다. 몸에 상처가 나면 수 없는 백혈구가 몰려들어 몸을 지키는 데 혼신의 힘을 다한다. 따라서 정도의 차이는 있겠지만 얼마 지나지 않아 지혈도 되고 상처도 아물게 된다. 그러나 그러한 노력이 한계에 도달했을 때, 다시 말해서 임계질량에 도달하는 순간 모든 것은 역전되는 것을 볼 수 있었다. 즉 모든 것을 철수시키고 본격적인 죽이기에 들어가는 것이다. 그러므로 더 이상 치유에 진전이 없다. 잘은 모르지만 암도 마찬가지일 거라고 생각한다. 처음에 이상한 돌연변이가 나타났을 때는 몸이 그 돌연변이를 퇴치하는 데 총력을 기울일 것이다. 그것이 바로 우주라고 하는 사랑의 에너지가 하는 임무일 것이기 때문이다. 그러나 더 이상 가망이 없다고 판단되는 순간 여지없이 짓밟아버리는 것이다.

  또한 몸이 건강할 때는 모든 것이 순조롭기 때문에 이로운 것, 필요한 것을 먹고 마시려는 요구가 몸에서 일어날 것이다. 그러나 몸이 이미 망가져 있으면 몸이 나쁜 것에 의존하지 않고는 못 견디게 된다. 몸에서 그 나쁜 것들을 자꾸만 요구하고 빨아들임으로써 조속히 원점으로 되돌리려는 움직임이 일어나기 때문이다. 원점이란 바로 무無로 되돌리는 것이니 앞에서 설명한 '기운 것은 엎어버린다'고 하는 내용과 일치한다고 볼 수 있다.

그 다음에 인용한 시詩는 하늘의 임무에 대해 노래한 내용이라 할 수 있다. 이 내용은 맹자의 다음 내용과도 그 맥을 같이 한다.

하늘이 큰 임무를 그 사람에게 내리려 하실 적에는 반드시 먼저 그 심지를 괴롭게 하며, 그 근골을 수고롭게 하며, 그 몸과 피부를 굶주리게 하며, 그 몸을 궁핍하게 하여, 그가 행하는 것을 어그러뜨리고 어지럽게 하는 것이니 (그렇게 하는 이유는) 그렇게 함으로써 마음을 분발시키고 성질을 참게 하여, 그 능하지 못한 부분을 증익시켜 주기 위한 것이다.
〔『맹자』「고자하」: 天將降大任於是人也 必先苦其心志 勞其筋骨 餓其體膚 空乏其身 行拂亂其所爲 所以動心忍性 曾益其所不能〕

제아무리 신념이 확고한 사람이라 할지라도 살면서 한두 번쯤은 좌절하지 않을 수 없는 게 바로 인생이다. 그런데 그 좌절하는 순간의 그 삶에서도 우리가 놓치지 말아야 할 것이 있다. 곧 하늘이 우리에게 주는 메시지이다.

6. 중용예찬

옛날 그 유명한 소동파 역시 천지자연의 무정설법(無情說法; 감정을 지닌 사람의 말이 아니라 천지자연 그 자체의 소리를 말한다. 천지자연의 소리 그 자체로 이미 진리의 현현이기 때문에 나온 말이다. 그렇기 때문에 온 우주는 지금 이 순간도 설법을 하고 있다고 표현한다)을 듣고서야 비로소 교만을 내려놓을 수 있었다고 하는 이야기가 있다. 실제로 천지자연을 포함한 인간사 모두가 다 한시도 쉬지 않고 우리를 깨우치고 있다. 그래서 옛 수행자들 가운데에는 소나무 가지를 잡다 말고 깨우친 사람도 있다고 한 것이다. 그러나 우리는 너 나 할 것 없이 그 가르침을 깨닫지 못하고 지나친다. 다시 말해서 고통이 오면 그저 한낱 고통으로밖에 인식하지 못한다는 뜻이다. 오히려 고통이라고 느끼는 것을 넘어 세상을 원망하거나 한탄하고, 혹은 슬픔에 겨워 자포자기하는 경우까지도 있다. 하지만 지혜로운 몇몇 사람들은 그러한 고통 속에서도 하늘이 주는 가르침을 읽어낸다. 그뿐만 아니라 그 순간을 슬기롭게 극복하고 전화위복의 기회로 삼는다. 한 걸음 더 나아가 하늘이 주는 기회이니 넘어진 김에 쉬어가겠다고 하거나, 심지어 겸손하라는 뜻으로 수용하기조차 한다. 이러한 경우는 스스로 인내심을 키울 뿐만 아니라 마음의 용량까지 넓히는 모습이라 할 수 있을 것이다. 이처럼 누구에게나 다 같은 고통과 혼란이란 모습으로 다가오는 가르침이지만, 그것이 어떤 사람에게는 재기의 발판이 되고, 어떤 사람에게는 다시는 헤어날 수 없는 질곡이 되고 만다.

  가르침을 내리는 하늘은 묵묵히 심은 것을 북돋기만 할 뿐이나 그 가르침을 수용하는 자에 따라 양쪽으로 갈라진다는 뜻이다. 왜 그런가? 바로 덕의 문제이다. 덕이란 진리를 행하는 자에게서 발현되는 생명력이다. 사랑의 에너지이다. 폭발적인 열정으로 뿜어 나오는 에너지가 바로 덕의 힘이다. 그러나 일반 사람들이 그것을 인식할 수 없다. 즉 인식 너머에 있는 무한의 에너지라는 뜻이다. 이러한 덕에서 샘솟는 에너지는 만물과 소통을 일으킨다. 만물과 소통이 되므로 만물을 키워내는 하늘의 일에 동참한다. 동참은 하늘과 함께 한다는 뜻이다. 그러므로 그 무엇도 덕이 있는 그 사람의 일을 방해하지 못한다. 다시 말해서 덕이 있는 사람은 하늘의 생명력을 온전히 받는다는 뜻이다. 하늘 자체가 바로 거대한 생명 에너지이므로 그것의 흐름을 타는 덕이 있는 자 역시 그 생명력을 얻는다는 뜻이다. 그게 바로 덕德의 발현이다.

  생명력이 발현되므로 뭇 사람들은 그 덕이 있는 사람을 따라서 함께 하고자 한다. 그 곁에 머물고 싶어한다. 모든 식물들이 햇빛을 따르듯이 사람들도 저절로 덕 있는 이를 좋아하고 존중하게 된다. 주변에서 주목을 받는 기운이 강해지면 강해질수록 덕이 있는 사람은 많은 사람에 의해 천거를 받게 된다. 이것이 바로 하늘의 일이다. 사람들을 통해 하늘이 작용하는 것이다. 위에서 말하는 '위대한 덕은 반드시 그 지위를 얻으며, 반드시 그 복록을 얻으며, 반드시 그 이름을 얻으며, 반드시 그 수壽를 얻는다'고 한 것은 바로 그 때문이다. 결국 덕이 있는 사람을 하늘이 선택하여 길러준다고 하지만 기름을 받고 못 받고는 사람의 몫이다. 그 사람이 하늘의 뜻을 헤아려 알고 감응하며 감사한 마음으로 수용할 때 본인의 부족한 부분이 채워져 성장함은 물론 쓰임까지도 받게 된다. 진실로 중요한 것은 사람과 하늘의 감응이고 그 몫은 사람에게 있다. 따라서 다음 소개할 부분은 중용의 길을 가고자 하면 수행을 하지 않을 수 없고, 수행을 하려면 하늘을 알지 않을 수 없다는 것에 대한 『중용』의 내용이다.

군자는 몸을 닦지 아니할 수 없다. 몸을 닦으려고 생각한다면 부모를 섬기지 않을 수 없다. 부모를 섬기려고 생각한다면 사람을 알지 않을 수 없다. 사람을 알려고 생각한다면 하늘을 알지 않을 수 없다.
〔君子 不可以不修身 思修身 不可以不事親 思事親 不可以不知人 思知人 不可以不知天〕

몸을 닦는다는 것이 무엇인가? 말 그대로 때를 닦는다는 말이다. 몸의 때란 다름 아닌 몸으로 인해 생겨난 때이다. 몸으로 인해 생겨난 때란 무엇인가? 인간의 몸이란 모여서 생겨났다. 물질이 모여서 이목구비가 생겨나고 육신의 감각이 생겨났다. 감각은 더 이끌리는 쪽으로 가고자 한다. 눈은 아름다운 색을, 귀는 좋은 소리를, 코는 향기로운 냄새를, 입은 맛있는 음식을 좋아하고 신체는 좋은 촉감을 따르고자 한다. 그러나 그것이 화근이다. 끌리는 대로 움직이다 보면 여타의 사람들과 상충이 일어나게 마련이다. 그렇게 부딪치면 감정이 솟구치게 된다. 감정이 솟구치면 맑고 밝은 본성을 오롯이 드러내기 어렵게 된다. 따라서 그렇게 이끌리는 모든 감정들을 제어하는 것이 바로 몸을 닦는 것이다. 감정을 제어하게 되면 모든 사람에게 공통으로 들어 있는 본성이 드러나게 된다. 그러므로 그 기준은 진리에 있는 것이다.

진리란 바로 사랑의 실천, 즉 인仁의 실천으로 이어진다. 그리고 인仁을 행하는 근본은 거듭 말하지만 효제를 실천하는 것이다. 그러므로 몸을 닦으려고 한다면 부모를 섬기지 않을 수 없다고 한 것이다. 그 다음 부모를 섬기려고 한다면 사람을 알아야 한다는 말은 부모도 또한 사람이기 때문이다. 즉 섬긴다는 말 자체가 개나 말을 기르듯이 먹을 것만 가지고 봉양하는 것이 아니라 섬기고자 하는 그 당사자의 뜻을 받드는 것을 의미한다. 그런데 부모님의 뜻을 따르고 섬기겠다면서 단지 부모님의 말씀만 믿고 그대로 행한다면 실로 어리석기 그지없다 할 것이다. 부모란 대체로 자신들보다는 자식의 행복을 더 앞세우는 분들이기 때문이다. 그러므로 어디 불편한 곳이 있어도 늘 없다고 말한다. 그뿐만 아니라 자식들이 행복할 수 있다면 웬만한 고난은 모두 감수하는 존재가 바로 부모님이다.

어리석은 필자 역시 나이 30이 넘도록 부모님 말씀만 곧이곧대로 믿었던, 즉 불효막심한 자식이었던 것을 기억한다. 우리 부모님 역시 늘 당신들은 '별일 없다'거나 '너만 행복하면 됐다'고 안부에 대해 일축하시곤 했었다. 그런데 그 '별일 없다'던 그 말씀이 사실이 아니란 걸 아는 데 참 오랜 세월이 걸렸다. 그러므로 부모님의 진심을 파악하기 위해서는 사람을 알아야 한다. 사람은 사람 도리를 하느라 각각의 위치에서 그 자리에 맞는 옷을 입는다는 사실을 기억해야 한다는 뜻이기도 하다. 따라서 부모님에 대해 알고자 하면 이웃 주변 어른들의 말씀도 들어볼 필요가 있다. 아무리 역지사지라고 하지만 정신적으로 어린 사람이 성숙된 어른의 진심을 파악하는 데는 한계가 있다. 그러므로 진실을 알고자 하는 노력이 필요하다. 그것은 소통을 통해서 가능하다. 늘 소통되어 있다면 앎을 넘어선 마음의 영역으로 부모님의 마음을 헤아릴 수 있기 때문이다. 그것이 바로 하늘의 영역이다.

하늘을 알게 되면, 즉 세상의 이치를 터득하게 되면 감정적인 영역을 넘어서게 된다. 감정적인 영역이란 이기심이 극복되지 않은 상태의 세상이다. 이기심은 대체로 본심이 발현되지 못하게 가려버린다. 그러므로 부모자식 사이라고 하더라도, 혹은 벗이나 기타의 입장에 놓여 있을 때 빈번하게 본심을 역행하게 만든다. 그리고 경우에 따라 그것이 진실이 아니었음을 깨닫는 데 참

많은 시간이 필요하기도 한다. 그러므로 사람은 항상 하늘을 향해 깨어 있어야 한다. 하늘을 향해 깨어 있기 위해서는 마음을 고요히 하여 모든 감정이 잦아들도록 한다. 거듭 밝히지만 감정이란 개인에 한정된 관념 안에서 솟아오른다.

개인에 한정된 관념이란 자신과 남이 둘이라고 분리시키는, 다시 말해서 상대적인 세계관에서 비롯된다. 그러므로 상대적 세계관은 진리에 역행하는 입장임은 두말할 필요가 없다. 따라서 그것이 바로 이기심이라 할 수 있다. 결론적으로 군자가 진리를 실천하고자 한다면 수신修身을 하지 않을 수 없고, 수신하는 길은 감정을 다스려 전체로 되돌아가려는 노력이다. 다음 소개할 내용은 인간 세상 어디에서나 통할 수 있는 사람의 도리와 그 실천하는 방법에 대한 것이다.

천하의 달도達道는 다섯 가지가 있고 이를 행하는 소이는 세 가지가 있다. 군신, 부자, 부부, 형제, 친구의 사귐이라고 하는 것 다섯 가지가 세상 모든 사람에게 적용되는 도리이다. 지혜와 사랑 그리고 용기 이 세 가지는 이 세상 모든 사람이 지니고 있는 품성인데, 그것을 행하는 이유는 한 가지이다. 어떤 이는 태어나면서 이미 알고, 어떤 이는 배워서 알며, 어떤 이는 곤란을 겪고 나서 알지만 그 아는 데에 이르러서는 같은 것이다. 어떤 사람은 편안하게 행하고, 어떤 사람은 이롭다 여겨서 행하며,

어떤 사람은 억지로 노력해서 행하지만 그 공을 이루는 데 이르러서는 한 가지이다.

〔天下之達道五 所以行之者三 曰君臣也 父子也 夫婦也 昆弟也 朋友之交也 五者 天下之達道也 知仁勇三者 天下之達德也 所以行之者一也 或生而知之 或學而知之 或困而知之 及其知之 一也 或安而行之 或利而行之 或勉强 而行之 及其成功 一也〕

이 세상 모든 사람들은 저마다 자기의 감정이란 것을 가지고 있다. 감정이란 자신의 내면에 각인된 프로그램에서 비롯된다. 다른 말로 하면 저마다의 유전정보에 따라 그것과 맞으면 좋은 감정으로 표출되고, 그것과 어긋나면 싫은 감정으로 표출된다. 또 자신과 무관하다고 느끼면 아무런 감정을 드러내지 않는다. 따라서 다양한 사람들이 표출해 내는 감정은 저마다 제각각이다. 이 세상은 그런 사람들의 집합소인 것이다. 그 때문에 항시 많은 문제점들이 표출될 기능대로 존재한다고 볼 수 있다.

그런데 아무리 많은 사람들이 모여 있다고 하더라도 잘 따져보면 결국 다섯 가지의 관계 속에 모두 들어 있음을 볼 수 있다. 첫째는 옛말로 임금과 신하의 관계로서 모든 계급적인 상하관계이다. 두 번째는 부모와 자녀의 관계이다. 세 번째는 남편과 아내의 관계로서 연인들의 관계도 여기에 포함된다고 볼 수 있다. 네 번째는 형과 아우의 관계로서 모든 선배와 후배의 관계가 다 포함된다. 즉 나이에 따른 위아래의 관계이다. 다섯 번째는 친구관계로서 나이가 기준이 아니라 벗이 되어 교유하는 모든 관계를 다 포함한다. 이 다섯 관계 속에서 이 세상이 움직이므로 그 관계를 잘 유지하면 인간 세상은 조화를 이룰 것이다. 역으로 그 다섯 관계를 잘 유지하지 못한다면 세상은 시끄러울 수밖에 없다. 그렇다면 어떻게 하는 것이 관계를 잘 유지할 수 있는 비결일까? 그에 대한 답은 맹자가 제시하였다. 먼저 대표와 참모, 즉 계급적인 상하관계에 있어서는 의義가 있어야 한다는 것이다. 의라는 것이 무엇인가.

사실 이 세상이 가장 완벽하게 조화를 이루는 상태는 중용이 실현될 때라고 이미 설명하였다. 그리고 인간세상에서 중용이 실현되게 하는 방법은 모든 사람들이 다 인仁을 실현하면 된다. 그런데 인仁을 실현한다는 것은 생각만큼 쉽지가 않다. 왜냐하면 진리에 눈을 뜨지 않고는 자기가 행하고 있는 마음이나 행동이 인仁인지 아닌지조차도 알 수 없기 때문이다. 모든 사소한 일에 다 조짐이 있고 그것이 현실로 나타난다. 하지만 진리에 눈을 뜨지 못한 우리들은 그것이 천지가 우리에게 주는 메시지인지조차 알지 못하고 있다가 그냥 당하는 게 현실이다. 말로는 인仁이란 우주의 마음과 하나가 되어 세상 만물이 잘 자랄 수 있도록 사랑을 실천하는 것이라고 정의할 수 있다. 그러나 대부분은 우주의 마음이 무엇인지도 모른다. 그뿐만 아니라 사랑을 실천한다고 하

6. 중용예찬

지만 본인이 사랑이라고 해서 그것이 사랑일 수도 없다. 그런데 이 세상에서 가장 큰 사랑을 실천하는 존재는 바로 성인이다. 그러므로 성인의 모습대로 살아간다면 그것이 바로 가장 바람직한 삶을 살아내는 것이라 할 수 있다. 그래서 성인의 일거수일투족을 하나하나 정리해 놓은 것이 바로 예禮이다. 그렇게 본다면 예는 바로 인仁을 실천하는 것이다. 그렇지만 또한 인은 성인의 영역이기도 하다. 천인합일을 이룬 사람이 실천할 수 있는 것이기 때문이다. 따라서 인은 실천하고자 해서 실행되는 것이 아니라 저절로 실현되는 양상을 띤다고도 할 수 있다. 그런데 맹자는 임금과 신하 사이에는 의義를 실천하여야 한다고 하였다. 의는 바로 사람이 걸어야 할 마땅한 길이다. 여기서 사람은 하늘의 뜻을 알지 못하는 보통사람을 일컫는다. 보통사람들은 인을 실천하고자 하면 의를 통해서 할 수 있다. 즉 예라고 하는 방식을 따름으로써 의를 실천할 수 있는 것이다.

다시 말하면 똑같이 예禮를 실천한다고 하더라도 성인이 행하는 예는 인仁이고 하늘의 영역인 반면, 보통사람들이 행하는 예는 의義이며 땅의 영역이다. 임금과 신하 사이에는 예가 있어야 한다고 하지 않고 의가 있어야 한다고 한 이유도 여기에 있다. 어차피 임금과 신하, 혹은 상급자와 하급자는 어떤 일을 도모하기 위해 모인 집단에서 직급으로 만난 관계이다. 이때 지금의 대통령이나 상급자가 옳으면 그 집단은 공공의 목적을 달성하고 조화로운 삶을 영위할 수도 있다. 반대로 대표나 상급자가 부도덕하면, 즉 의롭지 못하면 방향감각을 잃고 표류하는 배와 같아진다. 참모나 하급자가 의롭지 못한 경우도 마찬가지다. 그러므로 상하 간 혹은 대표와 참모 사이에는 사적인 감정이 배제되어야 한다. 사적인 감정은 욕망에서 비롯된다. 욕망이 개입되면 개인 이익에 따라 중심이 이리저리 옮겨지게 되며 그 피해는 집단 전체의 몫으로 돌아온다. 때로 지나친 감정의 개입으로 인해 집단 자체가 와해되는 수도 있다. 실제로 욕망으로 인해 한 나라를 위기에 빠뜨린 임금이나 대통령이 권좌에서 쫓겨났던 사례는 많다. 역성혁명이 바로 그것이다. 그러한 경우 역사는 혁명을 이름하여 의義를 취했을 뿐 왕을 몰아냈다고 평하지는 않는다. 이처럼 의는 옳음을 따르는 것일 뿐이다. 성인의 가르침을 따름으로써 세상의 조화를 꾀하는 것이다. 따라서 대표와 참모, 혹은 상급자와 하급자가 집단의 공동목표인 행복한 삶을 영위하기 위해서는 의義를 따르는 것이 최선이라 할 수 있다.

다음은 부자관계이다. 맹자는 부모와 자녀 사이에는 친親이 있어야 한다고 하였다. 친하다는 건 구분이 없다는 뜻이다. 모두 다 내 것이고 내 몸이라는 뜻이다. 그러므로 친한 사이는 아까울 것이 없는 사이란 뜻이다. 내가 가져도 그만이고 상대가 가져도 된다. 목숨도 아까울 것이 없는 상태야말로 진정 친한 사이라 할 수 있다. 따라서 부모와 자식 사이에 친親이 있어야 한다는 말은 부자간이 한 몸이어야 한다는 뜻이다.『맹자』「진심장상」에서 도응이 맹자에게 질문하는 내용이 있다. 대체로 알고 있다시피 순임금의 아버지인 고수는 무진장 완악한 사람으로 표현된다. 고수는 순의 계모와 이복동생인 상과 함께 순을 여러 차례 죽이고자 하였다. 도응은 그 까닭에 질문을 한 것으로 보인다. 즉 순임금은 천자인데 그 아버지인 고수가 사람을 죽였다면 천자인 아들은 아버지를 사면케 하겠는가? 아니면 형벌을 받도록 버려둘 것인가 하는 내용이다. 그에 대하여 맹자는 효자인 순이라면 사면토록 하지는 않았을 것이라고 하였다. 오히려 천자의 지위를 헌신짝처럼 버리고 몰래 아버지를 업고 도망가서 이 세상에 나오지 않고 살 것이라고 하였다. 그것은 이 세상에 있지만 있지 않은 존재로 살겠다는 뜻이다. 모든 사람들이 가장 선망하는 명예와 권력을 모두 버리고 죽은 자로 살겠다는 뜻이다. 친親이라는 것이 바로 그렇게 하나되는 것이다. 내가 지닌 가장 귀하고 값진 모든 것을 버리고 함께 할 수 있는 것이 친親이다. 사실 부모와 자식의 관계는 근본적으로는 한 몸이었다가 둘로 나뉜 사이이고 보면 친親이란 말 자체가 사족이라 할 수 있다.

　다음으로 이 세상이 조화를 이루어 행복하게 살기 위한 조건으로는 남편과 아내, 혹은 연인관계에는 구별이 있어야 한다는 것이다. 구별이란 말이 역할 구별이란 말로 이해될 수도 있다. 그렇다면 남편은 남편의 역할을 하고 아내는 아내의 역할을 해야 한다는 뜻이 될 것이다. 그렇다면 굳이 부부에게 한정지어 별別이란 말을 붙일 이유가 없게 된다. 그러므로 '임금은 임금답고 신하는 신하답고 아버지는 아버지답고 형은 형답고'라는 말이 의미하는 별別이 아니라고 보아야 한다는 뜻이다.

사실 이성은 특이한 경우를 제외하고는 나이나 국적을 불문하고 동성보다 더 호의적일 수밖에 없다. 동물조차도 이성에게 잘 보이기 위해 몸부림을 치는 것을 보면 그것이 본능이란 것을 알 수 있다. 동성보다는 이성에게 끌릴 수밖에 없다는 것이다. 그뿐만 아니라 이미 설명했다시피 사람은 자기 자신도 알지 못하는 여러 가지 인식정보의 틀 속에 갇혀서 살아간다. 그러므로 자신에게 입력되어 있는 정보에서 우호적인 이성을 만났을 때는 눈이 멎을 수밖에 없다. 그리고 자신의 의지와 상관없이 끌려가게 된다. 주는 것 없이 미운 사람이 있는가 하면 아무런 이유 없이 무조건 좋은 사람도 있는 이유이다. 더욱이 불교적으로 본다면 전생의 인연이 깊은 사람이 만나면 주변 사람의 상식으로는 이해할 수 없는 관계가 형성되기도 한다.

설사 그렇다고 해서 자칫 이성적인 통제력을 상실하고 본능에 충실하게 되면 이 사회는 혼란스러워질 수밖에 없다. 물론 동물들은 가장 힘이 센 수컷이 대장이므로 자기 맘껏 암컷을 희롱하기도 한다. 반면 사람은 누군가가 역량이 뛰어나다고 해서 제멋대로 행동했다가는 언제 파멸을 초래할지 모른다. 물론 그렇다고

6. 중용예찬

해서 지금 시대에 한 번 선택은 무덤까지라고 한다면 그것 또한 어불성설일 수 있다. 여기서 하고자 하는 말은 그 뜻이 아니다. 모든 인연관계에 대한 정리가 분명해야 함을 말하는 것이다. 선택에 대한 선명한 구별이 있어야 한다는 뜻이다. 따라서 연인이든 부부 사이든 두 사람의 관계가 특별하게 형성되었다면 서로는 서로에게 충실하여야 한다. 다른 이성에게 매력을 더 느꼈다고 해서 그때마다 본능대로 이끌리게 된다면 이 세상의 조화와 질서는 기대하기 어려울 것이기 때문이다.

다음은 연장자와 아랫사람의 관계에는 차례가 있어야 한다는 것이다. 이 경우를 무조건 나이가 많으면 우선순위를 부여해야 한다는 뜻으로 이해하면 많은 무리가 있다. 연세가 높으신 어르신은 이해가 될지 모르지만 대학생과 초등학생은 대학생에게 우선순위를 부여하면 안 되는 경우도 있다. 따라서 견해에 대한 우선순위를 부여한다고 하면 옳을 것이다. 나이가 많다는 것은 경륜이 풍부하다는 뜻이기도 하다. 경륜이 적은 사람보다는 경륜이 많은 사람의 견해를 따르는 것이 더 지혜로울 확률이 상대적으로 높다. 다 같이 힘든 상황에서 무조건 나이 많은 순서로 휴식을 취하게 하면 대학생이 초등학생보다 먼저 쉬어야 한다. 그러나 대학생의 견해를 따라 휴식을 취하기로 한다면 조금은 더 질서가 잡힐 수 있다. 물론 이때에도 상식적인 판단기준을 지닌 보통사람에 한해서라는 전제가 따라야 한다. 그 조건에서는 대체로 아우보다는 형이, 젊은 사람보다는 연세가 높으신 분이 시야가 넓고 배려가 클 것이기 때문이다.

마지막으로는 벗을 사귐에는 믿음이 있어야 한다는 것이다. 벗이란 어떤 존재인가? 이렇게 저렇게 스쳐 지나다 잠시 알게 된 인연을 벗이라고 하지는 않는다. 적어도 일로 인해서든 취미로 인해서든 삶의 길을 걷는 데 있어 서로 의지가 되는 사이를 일컫는 말이다. 물론 나이가 많고 적음이 문제가 되지 않는다. 뜻이 통하고 대화가 되며 희로애락을 함께 하는 사이면 벗이 될 수 있다. 그러한 벗의 사귐에 있어서 가장 필요한 것은 믿음이다.

사실 인간관계를 요즘처럼 허약하다고 느낀 적은 일찍이 없었던 듯하다. 목숨까지 함께 할 만큼은 바랄 수 없을지라도 이해관계에 얽혀 사소한 일로 등지는 경우는 뭐라 말해야 할지조차 막막할 지경이다. 하긴 친구는 고사하고 부모까지 버리는 시대이고 보면 친구에 대한 믿음을 이야기하는 자체가 무리일지도 모른다. 그렇지만 이 세상이 서로 소통되기 위해서는 모르는 남과 남이 만나 친구라는 이름으로 부를 정도라면 믿음이 전제되어야 한다.

지금까지 열거한 다섯 가지는 『중용』 첫머리에서 밝혔던 화和에 이르기 위한 인간의 도리이다. 화란 하모니, 즉 인간세계의 조화를 말한다. 욕심이 시시각각 고개를 드는 인간 사회에서 그 욕심에 제동을 걸고 조화로운 삶을 영위해야 한다. 그러기 위해서는 부모와 자식간, 상사와 부하간, 어른과 어린 사람 사이, 부부 사이, 친구 사이에 서로 지켜야 할 도리가 있다. 그것이 바로 친親·의義·서序·별別·신信이다.

그런데 이 다섯 가지 도리는 그냥 지켜질 수 있는 게 아니다. 사람마다 지니고 있는 본성이 발현될 때 가능하다. 본성은 지혜이며 사랑이고 용기이다. 본성의 힘으로 어떻게 해야 조화로울 수 있는지를 알며, 그 아는 능력으로 사랑하게 되며, 또한 그 본성의 힘으로 용기백배할 수 있는 원동력도 생겨난다. 그러므로 비록 셋이라고 말하지만 실상은 본성이라 할 수 있는 성誠 하나의 힘이다. 성誠은 본래 지니고 태어나지만 사람마다 기질의 혼탁하고 맑음이 있어서 저절로 알고 행하는 사람이 있는가 하면 배워서 알고 행하는 사람도 있다. 어떤 사람은 곤란을 겪고서야 알게 되어 행하는 사람도 있다. 그러나 어찌되었든 성誠을 행하고 그 결과 공을 이루는 데 있어서는 한 가지라 할 수 있다. 따라서 다음 이어지는 내용은 바로 본성에서 나오는 힘인 지혜와 사랑, 그리고 용기에 대한 공자의 설명이다.

> 공자가 말씀하셨다. "배우기를 좋아함은 지知에 가깝고, 힘써 행함은 인仁에 가까우며, 부끄러움을 아는 것은 용勇에 가깝다." 이 세 가지를 알면 몸을 닦는 소이를 알며, 몸을 닦는 소이를 알면 남을 다스리는 소이를 알며, 남을 다스리는 소이를 알면 천하와 국가를 다스리는 소이를 안다.

〔子曰 好學 近乎知 力行 近乎仁 知恥 近乎勇 知斯三者 則知所以修身 知所以修身 則知所以治人 知所以治人 則知所以治天下國家矣〕

다음은 수신修身에서부터 이 세상의 모든 국가를 경영하는 방법에 대한 내용이다. 중용은 바로 조화와 균형을 통하여 모든 것과 소통하는 것으로 이해할 수 있다고 하였다. 그런데 이 사바세상은 다양한 중생들의 집합소이다. 그러므로 조화와 균형은 물론 만사 만물의 소통이 말처럼 쉬운 일이 아니다. 그러나 이 세상이 아무리 넓고 크다고 할지라도 그 시작은 수신修身이다. 수신을 통하여 인仁, 즉 사랑을 실천하고 훌륭한 관리를 공경하며 일반 사람들을 자식처럼 여기는 방법을 쓰면 다스려지지 않을 수 없다는 것이 다음 내용이다.

무릇 이 세상의 모든 나라를 다스리는 데는 아홉 가지 변치 않는 원칙이 있다. 몸을 닦는 것과 현자賢者들을 높이는 것, 친족과 한마음이 되는 것과 훌륭한 관료들을 공경하는 것, 여러 관리들을 내 몸처럼 여기는 것과 일반 서민들을 자식처럼 여기는 것, 모든 재주 있는 자들이 찾아오도록 하는 것과 먼 곳에 거주하는 동포들을 부드럽게 감싸주고 주변 외국의 수장들을 따뜻하게 품어주는 것이다. 몸을 닦으면 방도가 확립되고 현자들을 높여주면 미혹되지 않으며, 친족과 한마음이 되면 모든 삼촌이나 형제들이 원망하지 아니하고, 훌륭한 관료들을 공경하면 현혹되지 않으며, 여러 관리들을 내 몸처럼 여기면 선비들의 보답하는 예禮가 철저하게 되고, 서민들을 자식처럼 여기면 백성들이 분발하게 되며, 모든 재주 있는 자들을 오게 하면 재물을 쓰는 것이 풍족하게 되고, 먼 곳에 있는 사람들을 부드럽게 감싸주면 사방의 사람들이 돌아오며, 주변 외국의 수장들을 따뜻하게 품어주면 온 세상이 두려워한다. 몸을 가지런히 하고 본래의 밝은 본성을 드러내며 옷을 갖추어 입고 예가 아니면 움직이지 않는 것은 몸을 닦는 방법이고, 아첨하는 이를 제거하고 여색을 멀리하며 재물을 천하게 생각하고 덕을 귀하게 여기는 것은 현자賢者를 격려하여 힘쓰게 하는 방법이며, 그 지위를 높이고 그 녹봉을 많이 주며 그 호오好惡를 같이하는 것은 친족과 하나됨을 격려하여 힘쓰게 하는 방법이고, 관직이 풍성해지면 부리는 것을 맡기는 것은 고급 관리들을 격려하여 힘쓰게 하는 방법이며, 충심으로 대하고 믿으며 녹봉을 많이 주는 것은 하급관리들을 격려하여 힘쓰게 하는 방법이고, 부리기를 때에 맞게 하고 세금 걷는 것을 줄이는 것은 국민들을 격려하여 힘쓰게 하는 방법이며, 늘 살피고 재주를 시험하여 각각의 능력과 재주에 따라 창고를 열어 급여를 주는 것은 온갖 재주 있는 자들을 격려하여 힘쓰게 하는 방법이고, 가는 사람을 보내고 오는 사람을 맞이하며 착한 것을 칭찬하고 잘못하는 것을 불쌍히 여기는 것은 먼 데 있는 사람을 부드럽게 대하는 방법이며, 끊어진 세대를 이어주고 망하는 나라를 일으켜주며 어지러운 것을 다스리고 위태로운 것을 붙잡아주며 조회와 초빙을 때에 맞게 하고, 보내는 것을 많이 하고 받기를 적게 하는 것은 주변 외국의 수장들을 따뜻하게 품어주는 방법이다. 무릇 천하와 국가를 다스리는 데는 아홉 가지 변치 않는 원칙이 있으나 그것을 행하는 방법은 하나이다.

〔凡爲天下國家 有九經 曰 修身也 尊賢也 親親也 敬大臣也 體群臣也 子庶民也 來百工也 柔遠人也 懷諸候也 修身則道立 尊賢則不惑 親親則諸父昆弟 不怨 敬大臣則不眩 體群臣則士之報禮重 子庶民則百姓勸 來百工則財用足 柔遠人則四方歸之 懷諸侯則天下畏之 齊明盛服 非禮不動 所以修身也 去讒遠色 賤貨而貴德 所以勸賢也 尊其位 重其祿 同其好惡 所以勸親親也 官盛任使 所以勸大臣也 忠信重祿 所以勸士也 時使薄斂 所 以勸百姓也 日省月試 旣廩稱事 所以勸百工也 送往迎來 嘉善而矜不能 所以柔遠人也 繼絶世 擧廢國 治亂持危 朝聘以時 厚往而薄來 所以懷諸侯也 凡爲天下國家 有九經 所以行之者 一也〕

사실 국가를 경영한다는 것은 결코 쉬운 일일 수 없다. 제아무리 혼신의 힘을 다한다고 하더라도 누군가는 불평을 하기 마련이다. 더욱이 요즘처럼 언론매체가 발달한 사회에서는 없던 일이 만들어지는가 하면 있었던 부정조차도 정당화 내지는 그럴 듯한 옷을 입고 명예롭게 비상하기도 한다. 비록 그렇지만 위에 열거된 아홉 가지 원칙을 지킬 수 있다면 적어도 조화롭고 균형 잡힌 국가사회를 이룩할 수 있다는 의미이다.

『중용』에서는 시대를 초월하여 국가를 경영하는 리더에게 요구되는 첫 번째 원칙은 수신修身이라 하였다. 몸을 닦는다는 말은 마음을 닦는다는 뜻이다. 마음을 닦는다는 것은 『대학』에서 말하는 명명덕明明德, 즉 밝았던 본래의 마음 상태로 돌아가라는 것이다. 다시 말해서 본성을 회복하라는 뜻이다. 본성을 회복하면 지혜가 열릴 것이고, 따라서 만사에 길이 보일 것이기 때문이다. 그 본성을 회복하는 방법은 몸을 가지런히 하고 본래의 밝은 본성을 드러내며 옷을 갖추어 입고 예禮, 즉 하늘의 뜻이 아니면 움직이지 않는 것이다. 마음을 닦는 방법으로써 몸을 가지런히 할 것부터 얘기되는 이유는 마음을 제자리에 붙들어매는 방법이 바로 몸을 붙드는 데서부터 시작되기 때문이다. 몸을 붙드는 방법으로써 옷을 갖추어 입으라고 하는 이유는 옷을 갖추어 입음으로써 저절로 경거망동을 삼가게 되기 때문이다. 게다가 진실로 하늘의 뜻이 아니라면 몸이든 마음이든 움직이지 않는 것이야말로 온갖 미혹에서 자신을 단속하는 첫걸음이라 할 수 있다.

두 번째 원칙은 존현尊賢, 즉 현자를 높이는 것이다. 현자란 지혜로운 이를 일컫는 말이다. 적어도 우주변화의 원리를 알고 하늘의 뜻을 아는 사람을 말한다. 이런 사람들을 높여주면 그들이 기꺼이 그들의 지혜를 드러낼 것이다. 물론 리더는 그들의 견해를 존중하여 따르게 될 것이다. 그러므로 미혹되지 않는다는 뜻이다. 그리고 현자를 높이는 길은 바로 아첨하는 사람을 제거하고 여색을 멀리하며 재물을 천하게 생각하고 바름을 귀하게 여기는 데 있다고 하였다.

세 번째 원칙은 친족과 한마음이 되는 것이다. 친족과 한마음이 되면 모든 삼촌이나 형제들이 원망하지 아니하기 때문이다. 모든 문제가 발생하는 것은 항상 가장 가까운 사람들이 등을 돌리면서 비롯되는 예가 많다. 당사자는 가깝다고 믿는 마음 때문에 오히려 소홀하기 쉽지만 상대방은 바로 그 소홀함에 반발하게 된다. 따라서 믿는 도끼에 발등 찍힌다는 말까지 있는 것이다. 그러므로 친족과 한마음이 되는 방법으로써 제시된 것은 그들의 지위를 각각의 수준에 맞게 높여주고 그에 맞는 봉급을 주며 좋고 싫은 일을 함께 하라는 것이다.

네 번째 원칙은 훌륭한 고위관료들을 공경하는 것이다. 관료들, 즉 각료들을 공경해주면 현혹되지 않기 때문이다. 그들을 공경하는 방법은 그들에게 업무를 믿고 맡기는 데 있다. 이는 '나는 너를 믿는다'고 하는 마음이 포함되어 있다. 그들을 믿지 못하고 하나하나 간섭하고 확인하게 되면 그들 또한 아무리 최선을 다해봐야 아무 소용이 없다는 마음이 생길 수 있다. 때문에 그들은 자포자기 내지는 자신들이 지니고 있는 능력을 최대한 발휘하려는 의욕 자체가 떨어질 수밖에 없다. 결국 다른 생각을 품거나 눈을 다른 곳으로 돌릴 수도 있으므로 능률이 떨어질 수밖에 없게 된다.

다섯 번째 원칙은 여러 하급관리들을 내 몸처럼 여기는 것이다. 하급관리들을 내 몸처럼 여기게 되면 그들이 보답하려는 마음에서 더욱 더 분발하게 되기 때문이다. 하급관리들을 내 몸처럼 여기는 방법은 그들을 대하기를 충심으로 하며 그들을 믿으며 월급을 넉넉하게 주는 것이다. 실제로 요즘처럼 경기가 불안할 때는 철밥통이란 이야기를 들먹이게 되면서 공무원의 인기가 상승한다. 하지만 정치적으로 안정되고 경제전망이 밝을 때는 대기업에 입사하기를 훨씬 더 선호한다. 대기업의 급여가 상대적으로 많은 까닭이다. 그러므로 『중용』에서 조화롭고 균형 잡힌 국가경영을 위해서는 공무원들의 월급을 많이 주어야 한다는 것이다. 공무원의 월급이 상대적으로 많다면 그만큼 우수한 재원들을 가려 뽑을 수 있게 되고, 따라서 공무원들은 자부심을 가지고 임무에 성심을 다하여 종사하게 된다.

여섯 번째 원칙은 일반 서민들을 자식처럼 여기는 것이다. 서민들을 자식처럼 여기게 되면 국민들이 어버이 섬기듯이 국가를 위해 분발할 것이기 때문이다. 일반 서민들을 자식처럼 여기는 방법, 즉 서민들이 국가를 부모처럼 느끼게 하는 방법은 다른 게 없다. 국민을 부리기를 때에 맞게 하고 세금 걷는 것을 줄이면 된다. 역으로 국민들이 미처 마음의 안식도 갖기 전에 온갖 명분을 세워 그들의 노동력을 착취한다든지, 혹은 국민을 위해서 국가가 하는 일은 없으면서 국가에 대한 충성심만을 강요한다든지 하면 국민들의 마음은 저절로 멀어질 수밖에 없다.

일곱 번째 원칙은 모든 재주 있는 자들이 찾아오도록 하는 것이다. 재주 있는 모든 사람들을 오게 하면 온갖 창작품들이 풍족해질 것이고, 따라서 재화도 넉넉해질 수밖에 없기 때문이다. 재주 있는 자들을 몰려오도록 하는 방법은 그들을 늘 살피고 재주를 시험하여 각각의 능력과 재주에 따라 창고를 열어 급여를 지급하면 된다. 이것은 자본주의 사회인 오늘날에도 개별적인 특허를 지니고 있는 재주 있는 자들이 자신의 후원자를 찾아 동업관계를 유지하는 것과 같은 이치라 할 수 있다.

여덟 번째 원칙은 먼 곳에 거주하는 동포들을 부드럽게 감싸주는 것이다. 먼 곳에 있는 동포들을 부드럽게 감싸주면 사방의 사람들이 돌아오게 된다. 그리고 그것에는 방법이 있다. 즉 가는 사람을 보내고 오는 사람을 맞이하며 착한 것을 칭찬하고 잘못하는 것을 불쌍히 여기는 것이 먼 곳에 있는 사람을 부드럽게 대하는 방법이다. 현재 아무리 먼 타국에 가서 살고 있더라도 동포면 한 형제요 자매라 할 수 있다. 더욱이 타국에 살고 있는 입장에서 보면 그들은 고향을 떠나 외로운 처지에 놓여 있는 사람들이다. 그 말은 늘 사랑에 굶주린 사람들이라는 뜻이다. 그러므로 본국을 향하는 마음은 부모님 그리는 것과 크게 다르지 않다. 그런데 지금 현재 국적이 다르다 하여 이민족 대하듯 불법체류자 취급을 하거나 그 사람의 현재 조건을 따져서 차별대우하면 안 된다는 것이다. 또 잘한 것을 잘했다고 칭찬하고 잘못하는 것은 측은하게 여기고 감싸주면 그들의 마음은 언제나 고향을 향해 열려 있게 된다. 아무리 굳건한 둑이라고 할지라도 터지는 것은 결국 작은 균열에서 비롯된다. 사소하다거나 가치가 떨어진다 하여 소홀하게 여기는 것은 작은 것이 모여 큰 일을 이루게 되는 세상의 이치를 모르는 탓이다. 하물며 제 동포를 소홀하게 대한다면 그 사소하다 여겼던 감정이 쌓여 결국은 회한으로 남게 되고, 언젠가는 그 기운에 의해 지탄받을 일이 생기게 될 것이다. 그것이 세상의 이치이다. 세상은 남의 일과 내 일이 금긋듯이 명확하게 구분될 수 없고, 알고 보면 모든 만물은 한 통속일 수밖에 없기 때문이다.

아홉 번째 원칙은 주변 외국의 수장들을 따뜻하게 품어주는 것이다. 주변 외국의 수장들을 따뜻하게 품어주면 온 세상이 두려워 함부로 하지 못할 것이기 때문이다. 여기에도 방법이 있다. 끊어진 세대를 이어주고 망하는 나라를 일으켜주며 어지러운 것을 다스리고 위태로운 것을 붙잡아주며 주변국가를 방문하거나 주변국가의 수장을 초빙함에 있어 때에 맞게 하고, 보내는 것을 많이 하고 받기를 적게 하는 것이다.

그런데 이 모든 원칙을 행하는 방법은 오직 한 가지라는 것이다. 그것이 무엇이겠는가? 바로 성誠이다. 정성스러움이야말로 『중용』의 시작부터 마치는 순간까지를 꿰는 한 마디이다. 이 우주의 운행원리, 즉 하늘의 길인 동시에 생명의 길이고 조화로움의 길이며 소통의 길이 바로 성誠이다. 따라서 세상을 경영하는 아홉 가지의 원칙 또한 성誠의 실천으로 이해할 수 있다. 스스로 정성스러워지는 것이 바로 수신이며, 정성이 몸에 익은 자들이 곧 현자이므로 그들을 높이는 것 또한 성誠의 실천이며, 친족과 한마음이 되는 것도 정성스러움의 실천을 통해서 가능하다. 훌륭한 각료들을 공경함도 정성스러움으로 말미암아 가능하고 여러 하급관리들을 제 몸처럼 아끼는 것 역시 정성스러움의 실천이다. 서민들을 자식처럼 돌봄도 정성스러움의 실천이고 여러 재주 있는 자들을 오게 함도 정성스러움의 실천을 통해서 가능해진다. 멀리 있는 동포들을 부드럽게 어루만지는 것 역시 정성스러움으로 말미암아 그들의 마음에 통하는 것이고 주변 국가들의 수장을 품어주는 것 역시 정성스러움을 통해서 가능하다.

다음 내용 역시 성誠에 대한 것이다.

매사에 준비되어 있으면 이루어지고 준비되어 있지 아니하면 어그러진다. 말을 사전에 정리해두면 차질이 없게 되고, 일을 사전에 정리해두면 곤란을 겪지 않는다. 행동할 것을 사전에 정해두면 어그러질 일이 없게 되고, 방도를 사전에 정해두면 궁해지지 않는다.

〔凡事豫則立 不豫則廢 言前定則不跲 事前定則不困 行前定則不疚 道前定則不窮〕

정성스러운 사람과 정성스럽지 못한 사람의 차이는 사전 배려가 있느냐 하는 것이다. 예컨대 사람을 초대하면 정성스러운 사람은 그 사람에 대해 미리 파악하고 방문했을 때 불편함이 없도록 배려한다. 그러나 그 반대는 상황에 맞닥뜨리고서야 주먹구구식으로 대처하기에 급급하다. 그러므로 전자는 매사 매순간이 조화로운 가운데 소통이 되지만, 후자는 조화를 깨뜨리고 불협화음이 이는 가운데 좌충우돌하게 된다.

이어지는 내용 또한 정성에 초점이 맞추어져 있다.

아랫자리에 있으면서 윗사람에게 신임을 얻지 못하면 백성을 얻어 다스릴 수 없다. 윗사람에게 신임을 얻는 데에는 방법이 있으니, 친구들에게 신임을 얻지 못하면 윗사람에게 신뢰받지 못한다. 친구들에게 신임을 얻는 데에 방법이 있으니, 어버이에 따르지 않으면 친구들에게 신뢰받지 못한다. 어버이에 따르는 데에 방법이 있으니, 자기 몸에 돌이켜보아 정성스럽지 못하면 어버이의 뜻에 따르지 못한다. 몸을 정성스럽게 하는데 방법이 있으니, 선善에 밝지 못하면 몸에서 정성스럽게 되지 아니한다.

〔在下位 不獲乎上 民不可得而治矣 獲乎上 有道 不信乎朋友 不獲乎上矣 信乎朋友 有道 不順乎親 不信乎朋友矣 順乎親 有道 反諸身不誠 不順乎親矣 誠身 有道 不明 乎善 不誠乎身矣〕

우주가 만물을 낳는 활동, 즉 생명 에너지로 충만한 우주가 모든 생명을 잠시도 쉬지 않고 길러내는 모습을 한 마디로 표현한다면 '정성스러움'이라 할 수 있다. 사람에게서 그 정성스러움을 찾아낸다면 폐의 호흡활동이라든지 심장의 펌프질, 혹은 신장의 노폐물 제거활동을 들 수 있다. 인체의 이 모든 기관들의 활동은 사람이 태어나는 순간부터 죽는 순간까지 단 한 순간도 쉬는 법이 없다. 그래서 정성이 지극하다고 하는 것이다. 그 사실을 아는 것, 즉 교감이 되는 사람은 선善에 밝다고 할 수 있다. 즉 우주변화의 원리에 밝다는 뜻이다. 우주변화의 원리에 밝으면, 즉 선에 밝으면 이 우주가 만물을 키워내는 그 끊임없이 지속되는 생명활동에 동참하지 않을 수 없다. 그러므로 그가 품은 뜻 또한 정성스러울 수밖에 없고, 그 마음으로 부모를 대할 것이다. 그렇게 되면 늘 어울리는 친구들은 그 사람의 행동거지를 통해 저절로 그 사람을 신뢰하게 된다. 친구들 역시 같은 부류일 것임은 두 말할 필요 없다. 따라서 윗사람 또한 두터운 신뢰를 보냄은 물론 그를 믿고 사람 또한 맡기게 된다.

다음 이어지는 내용은 바로 정성 그 자체인 하늘의 길과 그것을 실천하고자 하는 사람의 길, 그리고 사람의 길을 다하는 방법에 대한 것이다.

성誠은 하늘의 길이고 정성스럽고자 하는 것은 사람의 길이다. 성誠이라는 것은 힘쓰지 않아도 적중하고 생각하지 않아도 얻게 되며 저절로 진리에 적중하는 것이니 성인이다(=성인의 영역이다). 성誠하고자 한다는 것은 선善을 택해서 굳게 잡는 것이다. 널리 배우고 자세히 물으며 신중히 생각하고 명확히 분별하며 독실하게 행한다. 배우지 않음이 있을지언정 배울진댄 능해지지 않고는 그만두지 않는다. 묻지 않음이 있을지언정 묻는다면 알지 않고는 그만두지 않는다. 생각하지 않음이 있을지언정 생각하면 얻지 않고는 그만두지 않는다. 분별하지 않음이 있을지언정 분별하면 밝히지 않고는 그만두지 않는다. 행하지 않음이 있을지언정 행하면 독실하지 않고는 그만두지 않는다. 남이 하나를 할 수 있으면 자기는 백을 하고, 남이 열을 할 수 있으면 자기는 천을 한다. 과연 이 방법대로 할 수 있으면 비록 어리석더라도 반드시 밝아지며 비록 유약하더라도 반드시 강해진다.

〔誠者 天之道也 誠之者 人之道也 誠者 不勉而中 不思而得 從容中道 聖人也 誠之者 擇善而固執之者也 博學之 審問之 愼思之 明辨之 篤行之 有弗學 學之 弗能 弗措也 有弗問 問之 弗知 弗措也 有弗思 思之 弗得 弗措也 有 弗辨 辨之 弗明 弗措也 有弗行 行之 弗篤 弗措也 人一能之 己百之 人十能之 己千之 果能此道矣 雖愚必明 雖柔必强〕

우주에 충만한 생명 에너지를 하늘이라 한다. 그 하늘의 일은 만물을 낳는 일이다. 단 한 순간 찰나도 쉬지 않고 낳고 또 낳는다. 낳고 또 낳으므로 순간순간이 새롭고 나날이 새롭고 다달이 새롭다. 그 덕분에 만물이 자란다. 자라므로 변화하게 되어 바뀌는 것이다. 그렇게 잠시도 쉬지 않고 생명활동이 이어지므로 천도天道, 즉 하늘의 길을 성誠으로 표현한 것이다. 그 만물을 낳는 모습이 정성스럽기 때문이다. 만물을 낳는 마음으로 표현한다면 사랑, 즉 인仁이지만 모습으로 표현했을 때는 정성스러움이란 뜻이다. 그런데 사람은 하늘을 단 한 순간도 벗어날 수 없다. 만물도 그렇다. 하늘의 일에 무조건 동참해야 한다. 그것이 사람과 만물의 몫이다. 하늘의 명명命이기 때문이다. 그런데도 벗어나려 하는 것은 망령된 욕심 탓이다. 욕심은 자신을 어그러지게 할 뿐만 아니라 주변까지 다치게 한다. 그러므로 제 길을 잘 가서 주변을 다치지 않게 할 때 그것을 경敬이라 한다. 따라서 『서경』 서문에서도 인仁, 덕德, 성誠, 경敬이 말은 달라도 실은 하나를 말한다고 하였다. 따라서 사람은 하늘의 길을 실천해야 하는 의무가 있다. 다시 말해서 사람도 제 안에서 심장이 뛰는 것처럼 잠시도 쉬지 말고 열심히 제 몫을 다 하면서 죽을 때까지 성실하게 가야만 한다. 그렇게 열심히 하늘과 하나되어 정성 그 자체로 살아가는 사람을 성인이라 한다.

성인은 하늘과 함께 하므로 힘쓰지 않아도 하늘과 함께 하고 계산하여 헤아리지 않아도 올 것은 다 그 몸에 이르며, 저절로 진리를 실천하게 된다. 그러나 대부분의 평범한 사람들은 성인의 가르침을 따라야만 한다. 그것이 바로 선善을 택하여 굳게 잡는 것이다. 선을 선택하여 그것을 굳게 잡기 위해서는 널리 배우고 자세히 물으며 신중히 생각하고 명확히 분별하며 독실하게 행해야 한다. 무엇이 불선不善이고 무엇이 선善인지 알기 위해서는 세상 이치에 대해 폭 넓게 배워야만 한다. 성인의 말씀을 두루 배워야 한다는 뜻이다. 배우되 확실히 터득이 될 때까지 배워야 한다. 배우다가 헷갈리는 내용이 있으면 물어야 한다. 한 번 물어서도 이해가 안 되면 될 때까지 물어야 한다. 이때 중요한 것이 바로 신중히 생각하여야 한다는 것이다.

공자도 "배우고 궁리하지 않으면 어둡다〔學而不思則罔〕"고 하였다. 그렇듯이 배운 내용을 씹고 또 씹어 가며 음미하여 그 깊은 의미를 깨쳐야 한다. 그것이 바로 분별하는 일이다. 그렇게 분별하여 확신이 섰으면 그 다음에 할 일은 실천하는 일이다. 그것이 바로 선을 택해서 굳게 지키는 일이다. 그 과정에서 남이 하나를 한다면 그보다 못한 나는 그의 백 배를 하고 남이 열을 하면 또 그의 백 배인 천을 한다. 그러면 남보다 어리석더라도 반드시 밝아질 수밖에 없고, 남보다 유약하더라도 반드시 강해질 수밖에 없는 것이 세상 이치다. 그렇게 백 배로 더 노력하는 마음과 행동이 바로 정성이다. 따라서 군자라면, 즉 진리의 길을 가고자 하는 사람은 무엇보다 만사에 정성스러움이 몸에 배어 있어야 한다.

다음 이어지는 내용이 바로 그에 대한 구체적인 설명이다.

정성스러워서 밝아지는 것을 성性이라 하고, 밝아서 정성스러워지는 것을 교教라 한다. 정성스러우면 밝아지고 밝으면 정성스러워진다.
〔自誠明 謂之性 自明誠 謂之敎 誠則明矣 明則誠矣〕

진리의 길을 가는 군자가 정성을 다하여 삶을 살아낸다면 그는 반드시 밝아질 것이다. 그것은 바로 성性이 드러날 것이기 때문이다. 마음의 본성이라고 하는 것은 본래로 밝은 빛이라 할 수 있다. 그런데도 일반 사람들은 그 밝음을 드러내지 못하고 살아간다. 그러나 오직 마음을 다하여 정성을 들인다면 결국은 밝아질 것이다. 아무리 평범한 사람이라 할지라도 그 또한 이 우주, 즉 하늘을 벗어나 있는 존재는 아니기 때문이다. 하늘은 그 자체로 생명력을 갖춘 의지이다. 그 의지는 지극히 신령스럽다. 게다가 아무리 평범한 사람이라 할지라도 그 사람의 내면에는 하늘이 있을 수밖에 없다. 그러므로 지극한 정성을 들이면 결국 내재된 하늘이 길을 열어주게 되어 있다.

하늘이 길을 열어준다고 표현하였지만 실제로는 내면에서 저절로 솟아오르는 것이며 깨어나는 것이다. 그것이 바로 통하는 것이며 감응인 것이다. 그리고 그렇게 개인에게 내재된 하늘이 바로 성性이다. 역으로 밝아서 정성스러워지는 것을 교敎라 한 것은 이렇게 이해할 수 있다. 교敎란 『중용』의 서두에서 길을 열어주는 것〔修道之謂敎〕이라 하였다. 즉 진리가 드러나게 닦아주는 것이 바로 가르침이란 뜻이다. 역으로 진리가 묻히게 하는 것, 즉 사람들을 헷갈리게 하는 것은 바로 사이비라 할 수 있다. 진리는 사람과 사람 사이, 사람과 만물 사이의 소통이며 조화롭게 하는 원리이자 균형을 이루어주는 힘이다. 그러므로 그러한 진리를 배워서 앎이 열렸다면, 즉 밝아졌다면 진리의 길, 즉 하늘의 길을 따르지 않을 수 없다. 그것이 바로 정성을 다하는 것이고, 그것은 곧 가르침 덕분이다. 따라서 정성스러우면 밝아질 수밖에 없고 밝으면 정성스러울 수밖에 없는 것이 세상의 이치이다.

다음 내용은 지성至誠에 관한 것이다.

오직 천하의 지성至誠만이 자기의 본성을 다할 수 있다. 자기의 본성을 다할 수 있으면 남의 본성을 다할 수 있고, 남의 본성을 다할 수 있으면 物物의 본성을 다할 수 있으며, 物物의 본성을 다할 수 있으면 천지가 만물을 변화시키고 길러내는 일을 도울 수 있다. 천지가 만물을 변화시키고 길러내는 일을 도울 수 있으면 천지와 더불어 하나가 될 수 있다.

〔惟天下至誠 爲能盡其性 能盡其性則能盡人之性 能盡人之性 則能盡物之性 能盡物之性 則可以贊天地之化育 可以贊天地之化育 則可以與天地參矣〕

사실 정성 그 자체가 바로 하늘의 길이라 하였으므로 '정성'이라는 말 한 마디면 된다. 그러나 좀 더 강조하는 의미에서 가장 극대화하여 '지극한 정성'으로 표현했을 것이다. 즉 그보다 더할 수는 없다는 의미로서 지극히 정성스러운 것이다. 지극히 정성스럽다는 말은 사람의 영역을 넘어선다는 말이다. 사람이란 각자가 알게 모르게 스스로를 제약하고 그 한계 안에서 살아가는 존재이다. 아주 오래 전, 어쩌면 기억도 할 수 없는 시절부터 입력시켜 놓은 역량의 한계 말이다. 그것이 바로 '나'라고 인식되는 존재이기도 하다. 그 때문에 때로는 자신도 알지 못했던 능력이 발현되어 본인 스스로 놀라는 경우도 있다. 그런데 지극히 정성스럽다는 말은 그 모든 제약시켜 놓은 한계 상황을 걷어냈을 때를 일컫는다고 할 수 있다.

6. 중용예찬

다시 말해서 스스로 할 수 있는 최선의 역량을 다 쏟아냈을 때를 지성至誠이라 할 수 있다는 뜻이다. 그렇게 될 수 있는 존재이면 이미 '나'는 더 이상 개체로서의 '나'가 아니다. 따라서 나와 마주하고 서 있는 상대방의 본성에도 닿을 수 있게 된다. 그것이 바로 감응이다. 상대방과 통했다는 말이기도 하다. 그렇게 소통되어 감응을 일으킬 수 있는 이유는 거듭 밝히지만 이 우주가 본래 하나의 에너지장이기 때문이다. 그 에너지장은 바로 사랑이다. 인仁이다. 만물을 낳고 키워내는 지극히 강하고 지극히 굳센 호연지기이다. 이 우주에 그 에너지장을 벗어난 존재는 있을 수 없다. 다만 스스로 만들어 놓은 한계가 그것과 소통을 방해하고 있을 뿐이다. 그렇지만 자신의 한계를 걷어내고 그 굳센 에너지장의 역량에까지 미친 상태를 지성至誠이라고 한다. 그러므로 지성이면 하늘도 감동한다고 하는 것이다. 하늘도 감동하므로 남으로 마주 서 있는 존재들도 감응이 일어난다.

그 다음은 사물이 감응을 일으키게 된다. 마침내 유정물과 무정물까지 감응을 일으키게 되면 천지가 만물을 변화시키고 길러내는 일을 도울 수 있게 된다. 만물을 변화시키고 길러내는 일을 도울 수 있게 되었다면 이미 천지와 하나가 된 상태라 할 수 있다. 따라서 이것은 성인聖人의 영역이라 할 수 있다. 그러면 평범한 사람은 어찌해야 하는가? 그것에 대한 대답은 다음 내용으로 파악할 수 있다.

그 다음은 지극히 곡진함을 이루는 것이다. 곡진하면 정성스러울 수 있다. 정성스러우면 나타나고 나타나면 드러나며 드러나면 밝아지고 밝아지면 움직이며 움직이면 변하고 변하면 화化한다. 오직 천하의 지극한 정성스러움만이 화化할 수 있게 된다.

〔其次 致曲 曲能有誠 誠則形 形則著 著則明 明則動 動則變 變則化 唯天下至誠 爲能化〕

곡진曲盡은 비록 성誠에 이르지는 못했지만, 즉 평범한 사람이지만 간절하게 한 곳에 집중하여 전심전력하는 것을 말한다. 그렇게 한 곳에 집중하여 전심전력을 다하다 보면 정성스럽게 될 수 있다는 말이다. 정성스럽게 되면 그 마음이 외형으로 나타나게 된다. 그리고 점차 더욱 더 현저하게, 즉 두드러질 수 있게 된다. 결국은 천하의 이치를 꿰뚫게 되고 그 내면에서 밝음이 뿜어지게 된다. 밝음은 우주 에너지의 힘이기 때문에 서서히 상대를 움직일 수 있게 되고 더욱 더 바뀌어간다. 마침내는 온전히 다른 모습으로 환골탈태가 일어나는 단계에까지 이른다. 그렇게 되었으면 이미 평범을 지나 성인의 영역에까지 이르게 된 것이라 할 수 있다.

다음은 지성至誠, 즉 성인의 영역에 이르면 장차 일어날 일들에 대한 조짐을 미리 읽어낼 수 있다는 내용이다.

지성至誠의 길은 미리 알 수 있다. 나라가 장차 흥할 것 같으면 반드시 상서로운 징조가 있고, 나라가 장차 망할 것 같아도 반드시 재앙의 징조가 있어서, 시초(주역점)나 거북(거북점)에서 나타나서 (저절로) 몸을 움직이게 한다. (그리하여) 화와 복이 장차 이름에 선(진리와 부합하는 길)을 반드시 먼저 알고 불선(진리와 어긋나는 길)을 반드시 먼저 알게 된다. 그러므로 지성은 신神과 같다.

〔至誠之道 可以前知 國家將興 必有禎祥 國家將亡 必有妖孼 見乎蓍龜 動乎四體 禍福將至 善 必先知之 不善 必先知之 故至誠 如神〕

평범한 사람들은 한 치 앞을 모르고 살아간다. 아니 알 수가 없다. 그러므로 쓰나미와 같은 대 참사가 벌어지는 현장에 있어도 곧 닥쳐올 재앙을 감지하지 못한다. 사소한 일은 몰라도 큰 재앙이 닥쳐올 정도면 미물이 먼저 알고 대비를 하지만 사람은 모른다. 동물과 새들이 떼지어 이동하고 개미들이 새까맣게 떼지어 터전을 옮겨도 무심하게 그냥 지나치게 된다. 초목의 모습에 변화가 오고 땅이 서서히 움직여도 알지 못한다. 그것이 보통사람들이다. 그러나 지성, 즉 성인이 가는 길은 하늘과 같아서 모두 알고 행한다. 장차 나라가 흥할 것 같으면 반드시 길조가 있게 마련이다. 또한 나라가 망하려고 하는 조짐도 미리 나타난다. 그뿐만 아니라 시초점이나 주역점을 치면 반드시 나타난다. 더욱이 성인의 몸은 일반인과 달라서 우주의 진동을 읽어낼 수 있다. 일반인의 몸이 아둔하여 변화를 감지하지 못하는 것과는 다르다. 비록 똑같은 감각기관을 소유하고 있지만 성인의 감각기관은 더 예민하고 섬세하다. 그 때문에 더 잘 보고 더 잘 들으며 더 잘 느낀다. 그러므로 일반인들이 보기에는 별 것 아닌 일이라 할지라도 성인은 느끼는 동시에 몸이 저절로 움직인다. 그것이 『주역』건괘 「문언전」에서 "대저 대인은 천지와 그 덕을 합하고 일월과 그 밝음을 합하며 사시와 그 순서를 합하고 귀신과 그 길흉을 합한다" ―여기서 대인은 바로 성인의 경지를 설명하고 있다. 따라서 맹자가 말하는 대인으로 이해하면 안 된다― 고 한 이유이다. 따라서 성인은 선과 불선, 즉 진리와 함께 하는 길과 진리와 어긋나는 길을 반드시 먼저 알고 행할 수 있는 것이다. 그것은 일반인이 알 수 없는 신神의 영역이다. 그러므로 성인이 하는 일은 신과 같다고 한 것이다.

다음은 정성의 공덕과 그것의 양면을 설명한 내용이다.

성誠은 스스로를 이루어주는 것이고 도道는 스스로를 인도하는 것이다. 성誠은 만물의 시작이고 끝이어서 성이 아니면 만물도 없다. 그러므로 군자는 성을 귀하게 여긴다. 성은 스스로 자신을 완성시킬 뿐만 아니라 그로써 만물을 완성시킨다. 자신을 완성시키는 것은 인仁이고 만물을 완성시키는 것은 지知이니 성性의 덕이며 내외를 합하는 도이다. 그러므로 시절에 맡겨둠이 마땅하다.

〔誠者 自成也 而道 自道也 誠者 物之終始 不誠 無物 是故君子 誠之
爲貴 誠者 非自成己而已也 所以成物也 成己 仁也 成物 知也 性之德
也 合內外之道也 故 時措之宜也〕

만물을 끊임없이 키워내는 우주의 섭리, 즉 진리는 사람을 키워내는 일에도 예외일 수 없다. 마치 심장이나 허파, 신장과 간장이 각자 제 역할을 쉬지 않고 수행함으로써 인체가 정상적으로 제 기능을 유지하는 이치와 같다. 그것을 만물을 살리는 측면에서 본다면 사랑이지만 그처럼 한 치의 오차도 없이 완벽한 질서로 운행되는 측면에서 본다면 지혜이다. 그리고 잠시도 쉬지 않는 측면에서 본다면 바로 성誠이다. 따라서 사람이나 만물을 막론하고 성誠은 제각각의 스스로를 이루어주는 것이라 할 수 있다. 그리고 진리는 각자 만물이 각각의 몫을 수행하도록 이끌어주는 우주 에너지이다. 잣나무나 장미꽃나무, 호랑이, 토끼, 그리고 각각의 사람 등이 한 찰나도 쉬지 아니하고 변화를 거듭하지만 뒤죽박죽이 되지 않고 제 모습을 유지하는 것은 진리가 이끌어주기 때문이다. 물론 사물이나 사람 밖에 따로 진리가 있어서 의도를 가지고 이끌어준다는 뜻은 아니다. 그 모든 것은 오직 진리가 이미 각각의 사물이나 사람 속에 내재되어 있을 뿐만 아니라 천지간 어느 곳 하나 빈틈없이 메우고 있으므로 가능한 일이다. 그러므로 진리를 벗어나 존재할 수 있는 사물이나 사람은 없다. 따라서 진리의 작용인 성誠은 만물의 시작이고 끝이라 한 것이다. 또한 성이 아니면 만물도 없다고 하였다. 또한 진리의 실현에 뜻을 둔 군자가 진리의 작용인 성誠을 귀하게 여김은 당연하다. 그뿐만 아니라 성性은 진리가 사물 혹은 사물에 내재되어 스스로를 키우는 것의 이름이므로 자신을 완성시키는 힘이라 할 수 있다.

또 만물이 각각 제 몫을 정확히 수행하는 모습은 지知로 표현될 수 있다. 한 치도 오차가 없이 정확하기 때문이다. 그러므로 가장 완벽한 모습이라 할 수 있다. 그런데 그 모든 것은 진리의 양 측면으로 이해할 수 있다. 오직 진리만이 안과 밖을 하나로 합할 수 있을 뿐이며 거기에는 어떠한 작위도 없이 그저 저절로 모든 것이 이루어질 뿐이다. 따라서 모든 것을 의도적으로 어찌 하겠다는 생각을 버리고 각각의 시절 인연에 맡겨둠이 마땅하다 한 것이다.

이어지는 다음 내용을 살펴보기로 한다.

그러므로 지성至誠은 쉼이 없다. 쉬지 아니한즉 오래고, 오래면 징험할 수 있고, 징험이 나타나면 아득히 멀어지고, 아득히 멀어지면 넓고 두터워지며, 넓고 두터워지면 높고 밝아진다. 넓고 두터운 것은 만물을 싣는 것이고, 높고 밝은 것은 만물을 덮는 것이며, 아득하게 오래 함은 만물을 이루는 것이다. 넓고 두터운 것은 땅과 짝이 되고, 높고 밝은 것은 하늘과 짝이 되며, 아득하게 오래 한다는 것은 끝이 없는 것이다. 이와 같이 하면 드러내려 아니하여도 빛나며 움직이지 않아도 변하며 의도함이 없어도 이루어진다.

〔故至誠 無息 不息則久 久則徵 徵則悠遠 悠遠則博厚 博厚則高明 博厚 所以載物也 高明 所以覆物也 悠久 所以成物也 博厚配地 高明配天 悠久無疆 如此者 不見而章 不動而變 無爲而成〕

우주의 생명활동은 찰나도 쉬는 법이 없다. 지극히 정성스럽다는 말은 사람이 할 수 있는 최고의 정성을 기울인다는 말이다. 마음을 다하고 몸을 다하는, 다시 말해서 혼신의 힘을 다한다는 말이기도 하다. 그것은 게으름이 없다는 뜻이다. 그렇게 성실하다 보면 자신을 잊게 된다. 자신을 잊게 되면 '내'가 한다는 생각이 사라지게 된다. '내'가 한다는 생각이 사라지게 되면 저절로 움직이는 단계가 온다. 거기까지 이르면 지루하거나 싫증나는 단계를 넘어선 것이다. 따라서 오래오래 지속할 수 있게 된다. 그렇게 오래 하다 보면 징험, 즉 효험이 나타나게 된다. 일단 효험이 드러나기 시작하면 그 힘, 즉 지성인 사람의 에너지장이 주변으로 더욱 더 확장된다. 그러므로 아득히 멀어진다고 한 것이다.

멀리멀리 확장되어 퍼져 나가게 되면 점차 넓고 두텁게 된다.

그것이 바로 덕의 힘, 즉 덕력德力이다. 덕이란 존귀하고도 밝은 것이다. 우주 생명의 실상은 바로 빛이기 때문이다. 때문에 높고 밝아진다고 한다. 따라서 지극히 정성스러운 사람의 넓고 두터운 덕은 만물을 다 포용하므로 만물을 싣는다고 하였다. 그리고 그 덕은 우주생명력 자체이므로 세상 만물 가운데 어느 것 하나도 그 생명 에너지를 벗어나 있는 것이 없게 된다. 그 때문에 만물을 덮는다고 한다. 또 지극히 정성스러운 에너지의 힘, 즉 덕화가 멀리멀리 확장되어 나가는 사이에 모든 일들이 다 이루어지게 된다.

이처럼 우주의 섭리를 체득하여 지극히 정성을 다하는 사람의 넓고 두터운 덕인 사랑의 마음은 마치 땅이 만물을 길러내는 것과 마찬가지다. 만물을 감쌀 만큼 높고 밝은 그의 덕은 하늘과 같다고 할 수 있다. 그 다음 아득하게 오래 한다는 말은 그의 지성스러움이 끝이 없다는 뜻으로 이해할 수 있다. 그러므로 일단 사람이 이와 같은 경지에 오르게 되면 그 본인은 드러내려 아니하여도 저절로 빛난다. 짐짓 움직여서 변화시키려 하지 않아도 덕화德化는 저절로 이루어져 상대방이 변하게 된다. 뭔가를 이루려는 의도가 없어도 저절로 이루어지게 된다. 그것이 바로 "지성이면 감천이다"라는 옛말의 의미이다. 따라서 지성至誠은 성인의 영역이라 할 수 있다.

그 성인이 가는 길에 대한 내용은 바로 다음 장에 잘 정리되어 있다.

거룩하다 성인의 도여! 양양하게 만물을 키워 그 높음이 하늘에 닿았다. 넉넉하고 거룩하다. 예의 3백 가지와 위의 3천 가지가 그 사람을 기다린 후에 행해진다. 그러므로 "진실로 지극한 덕이 아니면 지극한 도는 실행되지 아니한다"고 하였다. 따라서 군자는 덕성을 높이고 문학을 말하며, 광대함을 이루어 정미함을 다하고, 고명함을 다하여 중용을 실천하며, 옛것을 익혀서 새것을 알고, 두터이 함으로써 예를 높인다. 그러므로 윗자리에 있어도 교만하지 아니하고, 아랫사람이 되어서는 배반하지 아니한다. 나라에 진리가 행해질 때는 그 말이 충분히 (주변을) 흥기하게 할 수 있고, 나라에 진리가 행해지지 아니할 때는 그 침묵이 충분히 용납된다. 시에 이르기를 "이미 밝고 또 명철하여 그 몸을 보전한다" 하였으니 바로 이를 말함일 것이다.

〔大哉 聖人之道 洋洋乎 發育萬物 峻極于天 優優大哉 禮儀三百 威儀三千 待其人而後行 故曰 苟不至德 至道不凝焉 故君子 尊德性而道問學 致廣大而盡精微 極高明而道中庸 溫故而知新 敦厚以崇禮 是故 居上不驕 爲下不倍 國有道 其言足以興 國無道 其默 足以容 詩曰 旣明且哲 以保其身 其此之謂與〕

그러므로 성인에 이르고자 길을 가는 군자라면 본인의 내면 깊이 깃들어 있는 덕성을 높이고 성현의 글을 배워야 한다. 그리하여 넓고도 큰 그릇으로 거듭나되 정미함을 다하여 소홀함이 없어야 한다. 덕을 밝힘으로써 높고도 밝아져 진리의 실천, 즉 중용을 실천한다. 옛것을 익힘으로써 그 지혜로써 새것을 파악하고, 신실하고 두텁게 함으로써 예를 높인다. 그 결과 윗자리에 있어도 교만하지 아니하고 아랫사람이 되어서는 윗사람을 배반하지 아니한다. 나라에 진리가 행해질 때는 거침없이 사회에 동참하여 그 자신의 견해를 피력함으로써 주변사람들이 떨쳐 일어나게 하고, 나라에 진리가 행해지지 아니하면 그저 침묵하는 것, 그것이 바로 군자의 길이다.

계속해서 군자의 길에 대한 내용이다.

군자는 움직이면 대대로 온 세상 사람들이 따라가야 할 길이 되나니 행하면 대대로 온 세상 사람들이 지켜야 할 법이 되고, 말하면 대대로 온 세상 사람들이 지켜야 할 기준이 된다. 멀리 있으면 우러러봄이 있고, 가까이 있으면 싫어하지 아니한다.
〔君子 動而世爲天下道 行而世爲天下法 言而世爲天下則 遠之則有望 近之則不厭〕

성인에 뜻을 두고 하늘의 길을 묵묵히 걷는 사람을 군자라 한다. 그러므로 군자의 행동거지는 성인의 행동거지를 본 뜬 예禮에 부합될 것이다. 예는 모든 사람이 따라야 할 법도이다. 그렇기 때문에 군자의 말과 행동은 온 세상 사람들이 지켜야 할 기준이 되는 것이다. 더욱이 우리가 아무리 삶에 찌들어 살아가는 사람들이라 할지라도 마음의 소리는 외면할 수 없다. 마음의 소리는 각자의 내면에 존재하는 본성의 울림이다. 본성은 하늘에서 온 씨앗이다. 그러므로 인간의 고향은 어차피 하늘이다. 하늘은 우주의 섭리요 사랑의 에너지이다. 따라서 그 사랑의 에너지이자 우주 생명의 실상은 바로 우리 모두의 고향이다. 고향은 실향민인 우리에게 있어 늘 궁금하고 그리울 수밖에 없다. 그런데 고향 소식을 들고 온 고향사람이 있다면 어떠하겠는가. 당연히 그 사람 주변으로 모두 몰려들어 그 사람의 말에 귀 기울일 것이다. 하물며 그 사람의 말이 타향살이하면서 서럽고 쓸쓸했던 모든 시름을 잠재워줄 만큼 감동을 줄 수 있는 진실을 담고 있다면 어찌 그를 싫어하겠는가. 오히려 모두 그 사람을 우러러보고 따르게 될 것이다. 다음은 인간세상에서 하늘의 일을 대신할 수 있는 자격을 갖춘 이는 오직 성인뿐임을 밝히고, 성인의 모습에 대해 묘사하고 있는 내용이다.

오직 이 세상에서 지극히 정성스러운 사람만이 이 세상의 대경 大經을 다스릴 수 있으며, 이 세상의 큰 근본을 세울 수 있으며,

천지가 만물을 변화시키고 길러내는 이치를 안다. 대체 어디에 의지하는 바가 있겠는가. 정성스러워 바로 (이 우주의 실상인) 사랑 자체이며, (마음이) 깊고 깊어 바로 못 자체이며, (도량이) 넓고 넓어 바로 하늘 그 자체이다. 진실로 본래 총명하고 성지聖知하여 하늘의 덕에 도달한 자가 아니면 그 누가 (성인을) 알아볼 수 있겠는가.

〔32장: 唯天下至誠 爲能經綸天下之大經 立天下之大本 知天地之化育 夫焉有所倚 肫肫其仁 淵淵其淵 浩浩其天 苟不固聰明聖知達天德者 其孰能知之〕

위에서 말하는 위대한 성인을 논하기에 앞서 우리 일반적인 사람들에 대하여 먼저 살펴볼 필요가 있다. 보통사람들은 모두 '나'라는 울타리를 지니고 살아간다. 이른바 마음의 그릇이다. 마음의 그릇은 그야말로 천차만별이다. 그러므로 지구에 60억 인구가 살아가고 있다면 60억만큼의 다양한 그릇이 존재한다고 할 수 있다. 그뿐이 아니다. 개인 한 사람만 놓고 볼 때에도 마음 그릇은 커졌다 작아졌다 한다. 그 때문에 어떤 때에는 포용이 되던 것이 어떤 때에는 절대로 용납조차 안 된다. 그렇다면 그 울타리의 모양은 어떠할까? 어떤 사람은 공기조차 들어오지 못하게 견고한가 하면 또 어떤 사람은 울타리가 있기는 하지만 매우 엉성해서 금세 뚫릴 만큼 성글다. 어떤 사람의 울타리는 모양과 빛

깔이 그럴듯하지만 또 어떤 사람의 울타리는 가시도 돋아 있고 일부에서는 썩거나 냄새를 풍기는 등 재료 역시 엉망인 경우도 있다. 또 한 번 뚫리면 모두 무너져서 모래알처럼 흩어지는 것이 있는가 하면 바람결에 닳아 없어지듯이 무디게 삭아들기도 한다. 물론 역으로 점차 더욱 더 견고해지는 경우도 있다. 이 모든 것들은 불교에서 말하는 업業의 모양과 성질이라 할 수 있다. 좀 더 과학적인 표현을 빌자면 유전정보 내지는 프로그램이라 할 수도 있다.

그런데 그 울타리, 즉 마음 그릇은 참으로 요사스런 물건이어서 시시각각으로 주인을 가지고 희롱한다. 깨끗하면 깨끗한 대로 더러우면 더러운 대로, 고우면 고운 모습대로, 모났으면 모난 그대로 자기 모양과 색깔에 딱 맞는 대상이나 사건을 만나게 되면 좋아서 날뛴다. 반면에 너무나 다른 대상이나 사건을 만나면 시쳇말로 반발을 한다. 이른바 감정이란 것이다. 7정情이란 그렇게 해서 생겨나는 것이다. 다시 말해서 애착관계에 놓인다는 말이다. 그뿐만 아니라 그 울타리 안에 넣어줄지 말아야 할지에 따라서 제 자신으로 여길 것인가 '남' 또는 '적'으로 간주할 것인지도 갈라진다. 그러므로 어떤 사람은 오직 자기 자신만을 '나'로 간주하여 제 몸 이외의 모두는 다 남이고 적이다. 심지어 자기 자식이나 부모조차도 그렇다. 따라서 자기 한 사람을 위해서는 자식도 부모도 모두 이용의 대상이다. 비록 천륜이라 할지라도 자신에게 이롭지 못한 사람이라 판단되면 내다 버리거나 심지어는 죽이는 일도 서슴지 않는다.

어떤 사람의 울타리는 가족이나 일가친척까지 확장될 수도 있다. 그 경우에는 가족이나 일가친척의 희로애락이 곧 자신의 희로애락이 된다. 더 나아가서는 씨족이나 지역공동체에서 자신이 속한 국가와 지구의 인류 모두에 이르기까지 자신의 울타리에 포함시킨다. 물론 이때 그 모든 존재들이 애착의 대상으로 작용할 것이다. 그렇다면 위에서 설명하고 있는 성인이란 어떤 존재일까? 과연 어떠한 존재이기에 이 세상의 대경大經을 다스릴 수 있고, 이 세상의 큰 근본을 확립할 수 있다고 한 것일까? 이쯤에서 다시 한 번 성인의 영역과 역량에 대해 살펴보기로 한다. 이해를 돕기 위해 석청화(1923~2003)가 『육조단경』 해제에서 밝히고 있는 반야바라밀의 내용을 살펴보면 도움이 될 것이다. 진리란 불교란 이름을 가졌다고 하여 이 시방세계 밖을 논하는 것이 아니기 때문이다.

반야바라밀은 모든 존재의 실상實相을 비추어 보는 최존최상最尊最上의 지혜이다. 반야지혜로 통찰할 때 우주만유宇宙萬有는 본래로 일미평등一味平等한 진여법계인 것이다. 따라서 반야지혜가 있으면 불지佛智요 성지聖智며, 반야지혜가 없으면 중생의 분별지요 범부의 망념妄念인 것이다. 그래서 반야지는

6. 중용예찬

중생을 미혹한 차안에서 깨달음의 피안으로 인도한다 하여 도피안이라 하며, 일체 제불보살이 반야바라밀에서 나왔다 하여 반야불모般若佛母라 하였고, 육백 권의 방대한 『대반야경』 또한 한량없는 반야바라밀의 공덕을 찬탄하였다. 『지도론』에 "반야바라밀은 모든 부처님의 어머니이니 모든 부처님께서 반야로써 스승을 삼았다〔般若波羅蜜是諸佛母 諸佛以般若爲師〕"라고 하였다.

반야바라밀의 '반야'는 지혜이고, '바라'는 '저 언덕', 즉 피안彼岸을 뜻하며, '밀다'는 '도달한다'는 의미로서, 합하여 말하면 '도피안'이다. 도피안, 즉 피안에 도달한다는 말은 해탈, 열반, 정토, 안락, 평화, 완성, 평등, 극락으로 표현되는 지극히 복된 세계에 이른다는 뜻이다. 그러므로 반야바라밀이란 한마디로 말해 번뇌와 망상으로 얼룩진 예토穢土인 이 사바세계에서 저 언덕인 정토淨土, 즉 지극한 축복의 땅인 극락으로 인도하는 지혜라 할 수 있다. 그것을 정리한 내용이 바로 위의 글이다.

다시 말해서 반야바라밀이란 모든 존재, 즉 형체를 이룬 모든 것의 궁극적인 본래 면목을 비추어보는 가장 높고 가장 빼어난 지혜이다. 그러므로 반야지혜로써 통찰할 때는 이 우주에 존재하는 모든 존재는 한 맛의 평등한 진여로 이루어진 세계이다. 그 진여란 다름 아닌 여래를 의미하고 여래는 곧 부처님〔佛〕이다. 그렇다면 불佛로 표현되는 이 세상이 과연 어떠하다는 말인지에 대하여 알아볼 필요가 있다.

『관무량수경』에서는 '부처님은 온 세계인 법계를 몸으로 하므로 일체중생의 마음속에 들어 있다. 그래서 이 마음으로 부처를 이루고 또한 이 마음이 바로 부처님이다'고 하였다. 또, 부처의 총 대명사라 할 수 있는 아미타불에 대하여 『아미타경』에서는 '그 수명이 무량하므로 무량수불이요 광명이 무량하므로 무량광불이다'고 하였다. 그 무량한 수명은 영원한 시간과 자비를 상징하고, 무량한 광명은 무한한 공간과 지혜를 상징하므로, 자비와 지혜를 원만히 갖춘 영원한 진여자성眞如自性이 아미타불이라는 뜻이다. 다시 한 번 정리해 보기로 한다.

이 우주는 한 치도 빈틈없이 생명력으로 꽉 차 있다. 그 생명력은 바로 반야로 표현되는 빛이다. 우리 몸도 그 빛 안에 들어 있다. 그 빛을 불교에서는 광명으로서의 무량광불이라 하며, 생명으로서의 무량수불이라 한다. 따라서 개인에게 내재되어 있는 본성, 즉 자성불도 빛이고 생명에너지인 것이다. 그것이 또한 반야임은 두말할 필요 없다. 반야의 다른 이름은 지혜이고, 그 지혜의 이면은 자비이고 사랑이다. 사랑이 곧 지혜이고, 지혜가 곧 사랑이며 자비인 것이다. 그러므로 인간 그 자체가 부처인 셈이 된다. 그러나 욕심이라고 하는 집착은 본성을 가리게 되고, 지혜의 빛을 뿜어내지 못하게 가로막는다. 그러한 상태를 중생이라 하는

6. 중용예찬

것이다. 반면 성불成佛, 즉 부처가 되었다는 말은 그러한 어둠을 온전히 걷어내고 밝음으로 돌아갔다는 뜻이다. 『대학』의 삼강령에서 말하는 '밝은 덕을 밝힌 것'이다. 본래 밝았던 본성을 회복했다는 의미이다. 결국 유교에서 말하는 성인과 불교에서 말하는 부처가 같은 반열이라고 할 수 있다. 이제 『중용』 32장으로 돌아가서 다시 본문 내용을 살펴본다면 훨씬 이해가 쉬울 것이다.

이 세상에서 지극히 정성스러운 사람은 바로 성인聖人을 가리키는 말이다. 이미 앞에서 살펴본 대로 성인은 탐욕이라고 하는 집착에서 벗어난 사람이다. 우주의 밝음인 광명세계와 합일된 사람이기도 하다. 천지와 한 몸이 된 셈이다. 따라서 모르는 것이 없고 이르지 못하는 곳이 없다. 그러므로 성인만이 대경을 다스릴 수 있다고 한 것이다. 대경大經이란 우주의 질서이다. 천지간의 질서와 하나가 된 자가 바로 성인이므로 이 우주를 굴리는 데 전혀 사사로움이 있을 수 없다. 성인의 자아가 개입되지 아니하고 무위자연으로 행할 것이므로 저절로 천지의 질서와 합하게 된다. 그러므로 인간세상을 경영하는 데에도 역시 믿고 맡길 수 있는 것이다. 인간세상을 다스리는 것 역시 우주의 질서와 맞물려야 할 것이기 때문이다. 그렇게 성인께서 표준으로 삼으시는 우주의 법칙이 곧 인간세상의 법도가 된다. 그것이 바로 큰 근본이다. 물론 천지가 만물을 변화시키고 길러내는 이치를 알기 때문에 근본을 세울 수 있다. 또, 우주의 광명인 실상이 바로 지혜이고 사랑이라고 했던 것처럼 성인은 바로 그 인仁 자체이다. 깊기로 말하면 못 그 자체라 할 수 있고 넓기로 말하면 하늘 그 자체라 한다. 그러므로 진실로 우주의 이치에 도달한 사람이 아니라면 성인을 알아볼 자가 있을 수 있겠는가. 성인의 영역에 이른 사람이라야 성인을 알아볼 수 있다.

지금까지 살펴본 것처럼 중용은 보통 일반 사람의 영역은 아니다. 가장 완전한 상태를 일컫는 말이 바로 중용이기 때문이다. 그러므로 중용은 더할 나위 없는 행복 그 자체를 일컫는 말이며 지극히 복된 상태이고, 지극히 즐거운 상태이며 완벽한 조화와 균형을 이룬 상태이다. 그럼으로써 천지간과 내외와 자타가 모두 온전하게 소통되는 상태이다. 그러므로 중용은 성인의 영역이며 하늘의 영역이다. 따라서 중용은 이 시대의 리더가 추구해야 할 지상최대의 목표점, 즉 '행복'이라고 할 수 있다. 그렇다면 유교에서 제시하고 있는 중용에 이르는 방법, 즉 행복에 이르는 방법은 무엇이 있는지에 대하여 살펴보겠다. 필자는 그 대답을 성리학의 개창자인 이고(李翱, 774?~836?)의 '복성론'에서 찾아 설명하기로 한다.

7. 행복에 이르는 방법, 그 성리학적 조명

앞에서 이미 설명했던 것처럼 유가경전에서는 사람을 세 부류로 나눈다. 태어나면서부터 우주변화의 원리를 아는 사람〔生而知之〕, 배워서 그것을 아는 사람〔學而知之〕, 어려움을 겪고 나서야 배우는 사람〔困而學之〕과 곤란을 겪고도 배우려고 하지 않는 사람〔困而不學〕이다. 생이지지자를 성인에, 학이지지자를 현인에, 그리고 마지막 두 부류를 범인, 즉 일반 사람으로 분류한다. 따라서 생이지지자는 상上품이요 학이지지자는 중中품이며 마지막 두 부류는 하下품에 해당된다. 재미있는 것은 앞의 두 부류인 성인과 현인은 어쨌든 우주의 실상과 만나게 되는, 즉 지혜를 터득한 사람들인 반면 마지막 두 부류인 일반 사람들은 진실한 앎의 영역에 이르지 못한다는 사실이다. 다시 말해서 평범한 사람들은 한 번도 우주의 실상과 맞닥뜨리지 못하고 살아가는 사람들이라는 것이다. 어쩌면 우연한 기회에 마주했다고 할지라도 깨어 있는 의식으로서 만나지 못했기 때문에 자신의 영지靈知로 확장시키지 못한다. 왜 그런가?

이미 앞에서 설명하였듯이 성인을 제외한 현인이나 일반 사람들은 모두 각자의 자아自我를 지니고 살아간다. 에고, 혹은 유전 정보 내지 프로그램이라고 할 수도 있는 이 자아는 사람이 우주의 질서대로 살아갈 수 없게 만든다. 자아를 만들어 스스로 그 안에 갇혀서 살아가기 때문이다. 우주의식으로 살아가면 너와 내가 나뉠 수 없지만 자아를 만들었으므로 독립된 '나'가 존재하는 것이다. 이렇게 독립된 '나'는 스스로가 만든 기준에 맞으면 좋아하고 어긋나면 싫어하거나 슬퍼하고, 화를 내기도 한다. 그렇게 만들어지는 것이 바로 감정이다. 감정은 우주의식으로서의 밝은 본성을 덮어버린다. 어둡게 만든다는 뜻이다. 그러므로 밝은 영지靈知로서의 지혜는 가려지고 어리석은 분별만 생겨나게 된다. 어리석은 분별에 의한 앎은 옳은 지혜가 아니다. 꿰뚫어보는 지혜가 아니라 에고에 붙들린 분별의식이기 때문이다. 이미 과거의 경험을 바탕으로 꾸며낸 기준이 영지의 발현에 장애를 일으킨다는 뜻이다. 그것을 그림으로 나타내면 다음의 세 가지로 나타낼 수 있다. ─그림은 졸저, 『성리학, 유불도의 만남』에서 그대로 옮겨온 것이다.─ 먼저 범인, 즉 일반 사람들의 앎, 즉 분별의식이 발현되는 과정을 그림으로 살펴보기로 한다.

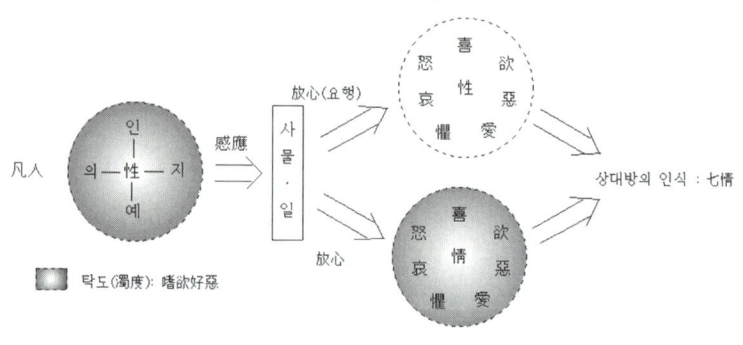

〈일반 사람의 性·情圖〉

우리를 구성하고 있는 몸의 바깥 테두리는 점선으로 표현되어 있다. 그 이유는 비록 테두리로 구분을 하였지만 테두리 밖과 안이 별개로 존재하는 것이 아니라는 뜻이다. 테두리 밖을 우주라고 한다면 테두리 안은 우리들의 몸이 된다. 테두리 밖의 물질은 (예컨대 음식물이나 공기, 물과 같은 것) 지속적으로 안으로 들어오고, 안의 물질은 (예컨대 땀과 소변, 탈락된 세포 같은 것) 끊임없이 밖으로 되돌려진다.

그리고 우리가 아무리 어리석은 존재라고 할지라도 내면에는 인의예지로 표현될 수도 있는 우주의식, 즉 본성이 존재한다. 물론 존재한다는 표현은 맞지 않다. 우주에 가득한 것이 우주의 실상이라면 형이하形而下로 나타난 물질 속에 내재된 것을 개인의 본성이라 하기 때문이다. 아무튼 몸에 들어 있는 본성은 무엇에나 반응하면서 지속적으로 생명활동을 전개한다. 그럼으로써 (예컨대 심장을 뛰게 한다든지, 폐로 호흡을 한다든지 함으로써) 그 생명을 유지하고 있다. 비록 우리 눈에 인식되지 않을지라도 개인의 본성은 지속적으로 대상과 교섭하고 있다.

그런데 그 몸을 검은색 —검은색은 性이라는 글자가 보이지 않게 그렸어야 하는데, 이해를 돕기 위하여 보이게 그린 것이다.— 으로 표현한 것은 몸의 기氣가 잡박雜駁하다는 것을 뜻한다. 기가 잡박하다는 것은 탐욕에 의한 프로그램으로 대상과 만남으로써 감정이 끊이지 않는다는 뜻이다. 즉 순일한 우주의 에너지로 호흡하는 것이 아니라 부정적인 에너지가 함께 한다는 것이다. 따라서 대상이 나타나서 즉각적이고 동시적(우주는 잠시도 생명활동을 멈추지 않으므로)으로 감응을 일으키게 될 때, 우주의 마음, 즉 순수한 본성으로 감응을 하지 못한다. 감응을 일으키는 것은 내면의 본성이나 에고에 의한 감정으로 사물을 온전히 순수하게 감응하지 못하게 한다. 따라서 제대로 그 진실을 보지 못하게 하고, 지혜롭게 판단하지 못하게 장애를 일으킨다는 말이다. 그런데 위의 밝고 투명한 그림으로도 표현한 것은 무의식적인 요행에 의한 우주의식의 발로도 있을 수 있기 때문이다. 의식의 자각이 아닌 무의식적인 상태에서 우연히 우주의식과 합일되는 때도 있다는 뜻이다. 따라서 방심放心이라고 구분하여 표시한 것이다. 다음 살펴볼 것은 현

7. 행복에 이르는 방법

인의 앎, 즉 영지의 발현과 분별의식의 발현에 대한 그림이다.

　현인은 어떤 것이 우주의식과 함께 하는 길인지를 분명하게 알고 있는 사람이다. 다시 말해서 이미 영지가 드러난 사람이란 뜻이다. 그렇다고 하여도 그가 만들어 놓은 자아, 즉 거짓된 프로그램은 아직 존재하는 상태이다. 그리하여 부지불식간에 그 기준이 작용을 하게 된다. 따라서 감정이 일어나게 되고 그 감정은 우주의식의 발현을 막는다. 따라서 두 가지의 경우로 표시한 것이다. 즉 의식이 깨어 있을 때는 우주의식을 발현시키므로 위의 그림으로 나타나게 된다. 그러나 무의식으로 반응할 때는 아직 정화되지 못한 프로그램에 의해 감정이 일어나게 된다. 그러나 일반 사람들에 비해 훨씬 정화된 수준이므로 농도는 훨씬 옅어진 상태라 할 수 있다. 그림으로 나타낸다면 아래와 같을 것이다.

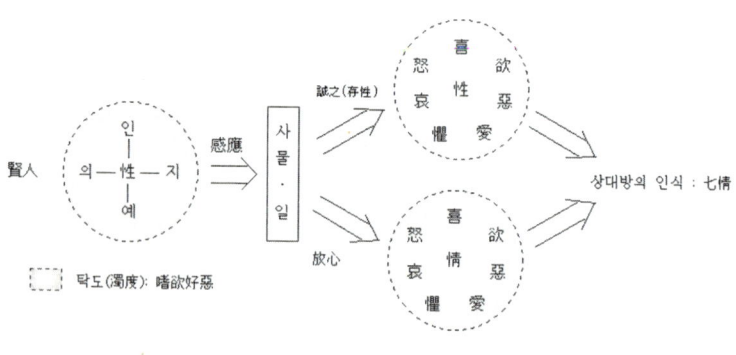

〈현인의 性·情圖〉

마지막으로 살펴볼 것은 성인의 영지靈知가 지혜로 발현되는 모습에 대한 그림이다. 성인은 우주의식과 별개로 만들어 놓은 자아가 없다. 우주의식과 함께 한다는 뜻이다. 그러므로 영지를 가리는 분별의식이 작용하지 않는다. 내면은 화평하고 늘 우주와 하나로 소통이 되는 상태이다. 균형잡힌 인간형이다. 남이 보기에는 울고 웃는 모습일 수도 있으나 분노나 슬픔 따위로 내면이 흔들리는 일은 없다. 그림으로 나타내면 아래와 같다.

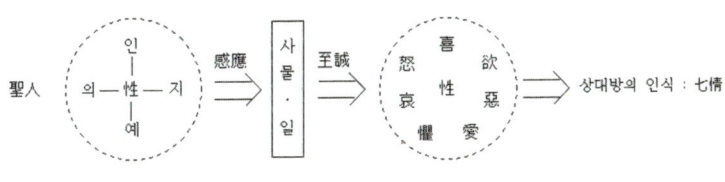

〈성인의 性·情圖〉

거듭 밝히지만 성인은 탐욕으로 인한 집착에서 떠난 존재이다. 그러므로 감정 따위는 존재하지 않는다. 우주의식 그 자체인 사람이다. 하늘과 하나된 자〔天人合一〕라고 할 수 있다. 그러므로 성인의 기는 맑고 두텁다. 따라서 천리〔天理＝진리〕를 즐거워할 뿐이다. 그 상태를 지성至誠이라고 한다. 그렇다고 해서 외부에서 사물이나 사건을 마주하여도 감응이 일어나지 않는다는 뜻은 아니다. 감응하되 전혀 동요가 없다는 뜻이다. 적연부동하다는 말이다. 오직 발현되는 것은 본성일 뿐이기 때문이다. 비록 웃고 눈물을 흘리고는 있으나 그것이 감정적인 즐거움이나 슬픔이 아니라는 말이다. 그러므로 위의 그림처럼 표현하였다.

   그렇다면 이렇게 다양한 유형의 사람들이 행복에 이르기 위해서는 어떻게 해야 한다는 말인가. 물론『중용』20장에서 밝히고 있는 것처럼 성인은 '힘쓰지 않아도 적중하고 생각하지 않아도 얻게되며 저절로 진리에 적중한다'고 하였다. 그러므로 이미 완전한 상태, 즉 우주의식과 합일되어 행복에 도달한 사람이라 할 수 있다. 따라서 별도로 방법론을 제시해야 할 이유가 없다. 여기서 제시하는 방법론은 다만 현인 이하 일반 사람들에게 해당한다고 할 수 있다. 그러면 지금부터 이고李翱가 제시한 방법론을 하나하나 살펴보기로 한다. ―이고가 제시하였다고는 하지만, 이고만의 방법론이 아니라 유교의 방법론이다.―

   이고는 우리가 행복해지기 위해서는 감정을 없애야 한다고 하였다. 이른바 멸정론滅情論이다. 이 말이 유가적인 입장에서는 다소 생소할 수 있다. 그러나 앞에서 제시한 그림에서도 보여지듯이 감정이란 바로 우리를 어둡게 하는 주체이다. 물론 그 감정을 만들어내는 가장 속 알맹이는 온 우주에 충만한 생명력인 본성이다. 하지만 본성이 그대로 발현될 수 없게 하는 것은 각각의 내면에 덧칠되었다 할 수 있는 유전정보 내지는 프로그램들이다. 따라서 이고의 말대로 멸정, 즉 감정을 없앤다는 것은 그 감정이 나오는 뿌리를 없앤다는 말이다. 대상과 감응을 일으킬 때 자신의 코드와 맞으면 좋아하고 어긋나면 배척하는 그 코드라고 하는 내면의 프로그램을 없앤다는 말이다. 사람이 제아무리 악습에 파묻혀 있다고 할지라도 그 악습을 떨쳐내면 어둠을 뚫고 나올 수 있다. 그 기준이요 원칙이라 할 수 있는 것이 바로 성현의 가르침이다.

예컨대 게임중독인 사람은 자나깨나 게임만 떠올릴 것이다. 그러다보면 정상적인 삶을 살 수 없다. 그때 그 사람에게 필요한 것은 바로 그 사람의 현 상황에 맞는, 그래서 꼭 지켜야 할 규칙대로 움직이는 것이다. 그렇게 지속적으로 게임에 대한 욕망을 이겨내다 보면 몇 개월 안에 정상적인 삶의 영역으로 돌아오게 된다. 과학적으로는 5주 내외라고 하지만 개인차는 있을 것이다. 의지가 강하고 약한 차이에 따라, 또 중독된 기간에 따라 그 습관에서 탈피할 수 있을 것이다. 게다가 주변을 보면서, 혹은 성현의 글을 읽음으로써 게임중독자로 살아가는 사람의 부정적인 말로末路를 깨치는 방법도 있다. 이고는 이 모든 것들에 대한 총체적인 방법론을 제시하고 있다. 이고가 제시하는 그 첫 번째 방법은 '성실하고자 노력하라〔誠之〕'는 것이었다. 물론 『중용』에 제시되어 있는 방법이다.

1) 성지誠之

이미 앞에서 설명했던 것처럼 이 우주는 한 시도 쉬지 않고 생명 활동을 한다. 물론 상대적 세계관의 입장에서 설명하자면 그렇다는 것이다. 만물을 낳는 일이 쉼 없이 이어지고 있다는 뜻이다. 그것을 지성至誠이라 한다. 성인은 그와 같으므로 행하는 모든 것들이 천지가 만물을 길러내는 일에 동참한다고 하였다. 그러나 현인이나 일반 사람들은 정도의 차이는 있을망정 모두 게으름이 습관화되어 있는 상태이다. 게다가 무조건 성실하고자 한다고 해서 행복의 기쁨을 맛볼 수 있는 것도 아니다. 동으로 가야 정점에 이를 수 있는 상황에서 무작정 열심히 서쪽을 향하여 걷고 또 걷는다면 오히려 행복과는 거리가 점점 더 멀어지기만 할 것이다. 그래서 이 방법은 현인에게 적용될 수 있는 방법이다. 이미 하늘의 뜻을 알고 있는 사람이라면 그 뜻대로 열심히 가기만 하면 된다. 다시 말해서 선(善=진리)을 선택해서 쉬지 않고 열심히 행하기만 하면 언젠가는 본인에게 붙었던 게으름이라고 하는 습관은 점차 뿌리가 뽑힐 것이다. 색을 좋아하거나 명예, 혹은 재물에 대한 탐심에 있어서도 마찬가지다. 옳고 그름을 분명히 알아서 날로 비우며 바르게 행하다 보면 언젠가는 집착했던 마음에서 자유로워질 수 있을 것이다. 그렇다면 일반 사람들의 성지는 어떻게 가능한 것일까? 가능성은 없는 것인가? 그렇지 않다.

  일반 사람들이 성지하는 방법은 의외로 간단하다. 성현이 제시한 길을 따라가기만 하면 된다. 성현이 제시한 길을 따라가기 위한 구체적인 방법은 별 게 아니다. "널리 배우고 자세히 물으며 신중히 생각하고 명확히 분별하며 돈독하게 수행한다. 배우지 않음이 있을지언정 배운다면 능해지지 않고는 그만두지 않는다. 묻지 않음이 있을지언정 묻는다면 알지 않고는 그만두지 않는다. 생각하지 않음이 있을지언정 생각하면 얻지 않고는 그만두지 않는다. 분별하지 않음이 있을지언정 분별하면 밝히지 않고는 그만두지 않는다. 수행하지 않음이 있을지언정 수행하면 독실하지 않고는 그만두지 않는다. 남이 한 번에 할 수 있으면 자기는 백 번을 하고, 남이 열 번에 할 수 있으면 자기는 천 번을 한다. 과연 이 방법을 할 수 있다면 비록 어리석어도 반드시 밝아지며, 비록 연약하더라도 반드시 강해진다〔博學之 審問之 愼思之 明辨之 篤行之 有弗學 學之 弗能 弗措也 有弗問 問之 弗知 弗措也 有弗思 思之 弗得 弗措也 有 弗辨 辨之 弗明 弗措也 有弗行 行之 弗篤 弗措也 人一能之 己百之 人十能之 己千之 果能此道矣 雖愚必明 雖柔必强〕"고 한 『중용』의 내용이 바로 그것이다. 그리고 그것이 바로 『중용』에서 말한 '감정이 발현되더라도 모두 절도에 맞는' 상태라 할 수 있다. 이고의 말을 들어보기로 한다.

성실하고자 하는 것은 사람이 가야 할 길〔道〕이니, 성실하고자 한다는 것은 선善을 택하여 그것을 굳게 잡는 것이다. 진리를 닦아서 그 근본으로 돌아간 것이 명明이다.

〔『李文公集』「復性書」, 中篇: 誠之者人之道也 誠之者擇善而固執之者也 修是道而歸其本者明也〕

이 말은 곧 자기가 할 수 있는 최선을 다한다는 것이다. 자기가 할 수 있는 최선을 다하다 보면 비록 어리석어도 반드시 밝아진다. 밝아진다는 것은 그만큼 진리와 가까워진다는 뜻이다. 진리와 가까워지기를 쉬지 않는다면 결국은 진리와 합일되는 때가 오고, 따라서 행복으로 이어진다.

2) 치곡致曲

다음으로 이고가 제시하는 방법은 치곡致曲, 즉 '한편을 지극히 하는 것'이다. 먼저 이고의 말을 들어보기로 한다.

그 다음은 곡진曲盡함을 이루는 것이다. 곡진하면 정성스러울 수 있고, 정성스러우면 나타나고, 나타나면 드러나게 되며, 드러나면 밝아지고, 밝아지면 움직이며, 움직이면 변變하고, 변하면 화化하니, 오직 천하의 지성至誠만이 능히 변화시킬 수 있다.

〔『中庸』, 22·23장: 其次 致曲 曲能有誠 誠則形 形則著 著則明 明則動 動則變 變則化 唯天下至誠爲能化〕

곡진함이란 완전히 몰입하는 것이다. 어떤 한 가지에 몰두하여 지극히 정성을 쏟다 보면 정성스러움이 생겨나게 된다. 온 마음을 다 쏟아 붓는 경지에 이른다는 뜻이다. 그렇게 정성스러움이 생겨 아예 그것을 하는 자와 그 일이 하나가 되는 경지에 이르면 서서히 지각작용이 멈추게 된다. 지각작용이 멈추면 분별이 사라지게 된다. 분별이 사라지면 비로소 고개를 내미는 것은 가장 은밀하게 숨어 있던 본성이다. 본성은 밝은 광휘이다. 따라서 어두움은 물러가게 된다. 감정이 깃들 틈이 사라지게 되는 것이다. 또한 그 광휘의 힘으로 진리와 함께 하게 된다. 다시 말해서 선善을 선택하여 실천하게 된다는 뜻이다. 따라서 궁극적으로는 지극히 정성스러운 데까지 이를 수 있으므로 성인이 될 수 있고, 행복해질 수 있다는 뜻이다. 오직 성인만이 모든 것을 변화시킬 수 있다고 사족을 단 것은 강조하기 위해서이다. 다음으로 이고가 제시하는 방법은 재계이다.

3) 재계齋戒

재계란 몸과 마음을 깨끗이 하는 것을 이른다. 이에 대하여 이고는 다음과 같이 말한다.

> 『역』에 이르기를 "길함과 흉함, 뉘우침과 한탄함〔吉凶悔吝〕은 동動에서 생겨나는 것이다"고 하였으니, 어떻게 그 성性을 회

복할 수 있겠는가? 묻기를, "어떻게 합니까" 하면, 대답은 다음과 같다. "바야흐로 고요한 때에는 마음에 생각이 없다는 것을 아는 것, 이것이 재계齋戒이다."

〔『李文公集』「復性書」, 中篇: 易曰 吉凶悔吝生乎動者也 焉能復其性邪 曰 如之何 曰 方靜之時 知心無思者是齋戒也〕

재계는 적연부동寂然不動, 즉 감정이 생겨날 틈을 주지 않기 위한 또 하나의 수양법이다. 일반적으로 사람은 늘 동動과 정靜을 반복하며 살아간다. 그러므로 재계한다는 것은 시시각각으로 분별하는 일체를 멈추게 함으로써 본성을 보존하게 하려는 것이다. 본성을 보존하려면 본성을 꼭 붙드는 방법밖에 없다. 그러나 형체도 없는 것을 붙든다고 하는 것 자체가 모순이다. 그렇다면 어떻게 해야 할까? 바로 본성에 대한 지극히 공경하는 자세를 지키면 되는 것이다. 본성을 지극한 공경심으로 지킨다는 것은 마음에 사악함이 끼어들지 못하게 막는 것을 뜻한다. 그렇기 때문에 『예기』에서는 "현면玄冕으로 재계하는 것은 변화의 도道를 섬기는 것〔玄冕齋戒 鬼神陰陽也〕"이라 하였고, 『시경』에서는 "생각에 사악함이 없다〔思無邪〕"고 한 것이다.

'바야흐로 고요한 때'라는 것은 바로 천지성天之性, 즉 본성의 상태를 이르는 것이다. 하늘의 성, 즉 천성은 천명天命을 말한다. ―『李文公集』「復性書」, 中篇: 人生而靜 天之性也 性者 天之命也 ― 천명은 천도를 말하며, 천도는 낳고 또 낳는 것[生生]을 업業으로 삼는다. 천지생명의 법칙이다. 바꾸어 말하면 생생生生을 업業으로 삼는 역易과 통하는 개념이다. 역易, 즉 변화의 세계는 길吉·흉凶·회悔·린吝이 없다. 그 자체로 진리인 까닭이다. 다만 생명을 낳는 작용이 끊임없이 행해질 뿐이다. 만약 길·흉·회·린이 생긴다면 그것은 변화의 세계인 역易에서 벗어났기 때문이다. 역易을 고요한 상태, 즉 정靜이라 한다면 그것으로부터 벗어나는 것은 동動이다. 즉 역易이라고 하는 진리가 이 세상에 드러날 때는 오직 생명을 낳는 움직임일 뿐이다. 하지만 온전히 생명을 기르는 작용에서 벗어나게 되면 생명을 온전히 낳을 수가 없게 된다. 그것이 바로 흉이고 회이며 린이다. 그러므로 진리와 만나는 길은 마음에 생각이 없다는 것을 아는 것이고, 그것이 곧 재계라는 것이다. 따라서 재계 또한 감정을 없애고 행복에 이를 수 있는 방법이 된다. 그 다음 제시한 방법은 감정에 대한 인식이다.

4) 정情의 인식

한때 시중에서 베스트셀러를 기록한 『시크릿』이라는 책이 있었다. 그 책에서 주장하는 재미있는 이야기가 생각난다. 우리는 본래 항상 즐거워야 정상이라는 것이다. 다시 말해서 우리는 행복해야 한다는 뜻이기도 하므로 필자와 견해를 같이하는 대목이라 할 수 있다. 행복은 의무인 동시에 권리인 것이다. 그런데 특이하게도 감정에 대해 매우 긍정적인 평가를 내렸던 것이 기억난다. 삶을 살아내면서 만나게 되는 슬픔이나 분노와 같은 감정은 "아~ 내가 지금 길을 잘못 들었구나!" 하고 알아챌 수 있게 해 주는 선물이라는 것이다. 다시 말해서 내가 있어야 할 자리에 있질 못하고 엉뚱한 곳에 와 있다고 하는 것을 알아차리게 해 주는 것이 감정이란 뜻이다. 여기서 주장하는 그 진단이 바로 이고가 제시하는 '감정에 대한 인식'이다. 마음의 주인인 본성이 어둡고 사악한 감정인 도둑을 발견하게 되면 도둑은 바로 항복하게 되어 있다는 논리이다. 이고의 말을 들어본다.

> 감정은 본성의 사악함이다. 그 (감정이) 사악하다는 것을 알게 되면 사악함은 본래 없었던 것이 되니, 마음은 고요하고 움직이지 않게 되어 사악한 생각은 저절로 없어지고 오직 본성만 밝게 비추어질 것이다.
> 〔『李文公集』「復性書」, 中篇: 情者 性之邪也 知其爲邪 邪本無有 心寂不動 邪思自息 惟性明照〕

다음으로 이고가 제시하는 방법은 늘 '진리'에 마음을 두는 것이다. 이 방법은 흡사 불교에서 말하는 염불(念佛; 항상 부처의 자리에 마음을 두는 것)과 같은 개념이라 할 수 있다.

5) '진리'에 머무는 것

이 방법 또한 진리가 무엇인지를 정확히 인식한 사람〔賢人〕에게 가능한 방법이라 할 수 있다. 즉 본성이 무엇인지 아는 지혜가 열려야 진리에 머물 수 있기 때문이다. 이고는 다음과 같이 설명한다.

> (진리에) 머무르기를 쉬지 않으면 반드시 성실하게 되고, 성실하면서도 쉬지 않으면 반드시 밝아질 것이니, 밝음과 성실함을 끝내 어기지 않으면 능히 그 몸을 마칠 수 있다. '아무리 급해도 반드시 여기에 있으며 기울어 넘어져도 반드시 여기에 있으면' 가히 이르기를 바랄 수 있다.
> 〔『李文公集』「復性書」, 中篇: 止而不息 必誠 誠而不息 必明 明與誠 終歲不違 則能終身矣 造次必於是 顚沛必於是 則可以希於至矣〕

현인은 자아, 즉 만들어진 인식의 틀이 거의 소멸된 존재이다. 따라서 이 우주의 생명활동인 지성至誠을 분명히 안다. 천도를 알고 인도人道를 행하는 존재란 뜻이다. 그러므로 진리에 대한 인식도 확고하다. 진리란 나와 너로 만날 수 있는 대상이 아니다. 오직 '나'라고 하는 거짓된 자아가 사라졌을 때만 닿을 수 있는 그 무엇의 이름을 진리라 한 것이다. 따라서 현인은 부지불식간에 치고 들어오는 '나'라고 하는 인식의 틀을 직시하게 된다. 직시하게 되면 사라진다. 사라진 자리가 바로 소통이다. 또한 조화와 균형을 이루는 길이다. 아무리 넘어지고 자빠지는 절체절명의 위급한 순간일지라도 절대 잊지 않는다면 반드시 성인에 이를 수 있게 된다. —불교에서는 염불을 통해 한 마음을 지켜냄으로써 결국은 부처를 이룰 수 있다고 한다.— 이는 자신의 삶의 목표를 진리를 깨치는 데 두지 않고서는 도저히 불가능한 일이라 할 수 있다.

공자가 그의 수제자 안회를 일러 "어질도다 안회여! 한 그릇의 밥과 한 표주박의 음료로 누추한 시골에 사는 것을 다른 사람들은 그 근심을 견뎌내지 못하는데, 안회는 그 즐거움을 변치 않으니 어질다 안회여![賢哉 回也 一簞食 一瓢飮 在陋巷 人不堪其憂 回也 不改其樂 賢哉 回也]"라고 칭찬을 아끼지 않았던 것은 이 때문이다. 공자는 또한 그 마음이 석 달 동안이나 인仁을 떠나지 않았다 하여 안회를 칭찬하기도 하였다[回也 其心 三月不違仁 其餘則日月 至焉而已]. 그 덕분에 "안회는 거의 (진리에) 가까워서 자주 (마음을) 텅 비웠다[回也其庶乎屢空]"고까지 칭찬을 아끼지 않았다. 자주 비웠다는 것은 다름 아닌 거짓 자아를 벗고 우주의식으로 돌아갔다는 말과 같다. 불교로 표현하면 무심無心, 즉 무념無念 무상無相의 상태라고도 할 수 있다. 이고는 「복성서」에서 마지막으로 행복에 이르는 방법을 자기 밖의 힘에 의지해서도 이를 수 있음을 시사하고 있다.

6) 타他에 의한 방법

몇 년 전의 일이었던 것으로 기억한다. 우리가 알고 있는 상식으로는 생명활동을 위해 기가 막힌 인체 자체의 보약으로 엔도르핀 정도를 꼽았을 때였다. 그런데 난 데 없이 다이돌핀이 등장하였다. 다이돌핀은 엔도르핀의 4,000배나 더 기가 막힌 보약이라고 외치기 시작한 것이다. 그러나 어디 다이돌핀뿐이겠는가. 불교에서 말하는 '감로甘露' 역시 만병통치약이질 않는가. 분명 경전에 수없이 등장하는 것으로 보아 아직 과학이 미치지 못하는 영역이어서 그렇지 언젠가는 그 실체가 밝혀질지도 모른다.

아무튼 다이돌핀은 우리가 맞닥뜨리는 네 가지 경우에 폭발적으로 분비된다고 한다. 바로 매우 감동적인 좋은 노래를 들었을 때, 아름다운 풍경에 압도되었을 때, 전혀 알지 못했던 새로운 진리를 깨달았을 때, 엄청난 사랑에 빠졌을 때이다. 이때 우리 몸에서는 놀라운 변화가 일어난다는 것이다. 전혀 반응이 없던 호르몬 유전자가 활성화되어 안 나오던 엔도르핀, 도파민, 세로토닌이라는 아주 유익한 호르몬들을 생산하기 시작한다고 한다. 특히 굉장한 감동이 왔을 때, 다시 말해서 압도되었을 때 다이돌핀이 생성된다고 한다. 다이돌핀은 우리 몸의 면역체계에 강력한 긍정적 작용을 일으켜 암도 제거시킨다고 한다. 그야말로 기적을 일으키는 명약이 아닐 수 없다.

그런데 이고가 제시하는 마지막 방법론 역시 이와 맞닿아 있다. 공자가 소음(韶音=순임금이 만든 음악)을 듣고 압도되어(감동하여) 3개월 동안이나 고기 맛을 잃었다고 한 것과 맥락을 같이한다. 이고의 말을 들어보기로 한다.

  성인聖人은 사람들의 성性이 모두 선善하므로 성性을 따라서 쉬지 아니하면 성聖의 경지에 이를 수 있음을 아셨다. 그러므로 예禮를 제정하여 그것(性)을 절도節度있게 하였고, 악樂을 지어서 그것(性)을 화순和順케 하였다. 화락和樂에 안주시킴은 악樂의 근본이고, 움직여서 예禮에 맞게 함은 예의 근본이다. 그러므로 수레에 있으면 방울이 조화롭게 울리는 소리를 듣고, 행보行步하면 허리에 찬 옥돌의 소리를 들으며, 이유 없이 금슬琴瑟을 폐하지 아니하여, 시視·청聽·언言·행行이 예禮를 따라서 행함은 사람들로 하여금 기욕嗜欲을 잊고 성명性命의 도道로 돌아가게 하는 길이다.
〔『李文公集』「復性書」, 上篇: 聖人知人之性皆善 可以循之不息而至於聖也 故制禮以節之 作樂以和之 安於和樂 樂之本也 動而中禮 禮之本也 故在車則聞鸞和之聲 行步則聞珮玉之音 無故不廢琴瑟 視聽言行 循禮而動 所以教人忘嗜欲而歸性命之道也〕

  성인은 하늘의 성性으로 돌아간 사람이라 하였다. 그리고 하늘의 성性은 천도天道라고 하였다. 천도는 생명을 낳는 작용을 끊임없이 행하여 쉬지 않는다. 이러한 천도의 모습은 인(仁=사랑)하다고도 할 수 있고, 지혜롭다고 할 수도 있다. 그러므로 어진 사람이 이러한 천도天道의 작용을 보면 어질다고 말하고 지혜로운 자가 이러한 천도의 작용을 보면 지혜롭다고 말한다 ―「繫辭上傳」5장: 一陰一陽之謂道 繼之者善也 成之者性也 仁者見之謂之仁 知者見之謂之知―고 하였다.

따라서 천도의 모습으로 살아가는 성인은 인, 즉 사랑을 실천하는 자라고 할 수 있다. 그때의 사랑은 남을 내 몸과 하나로 여기는 마음이다. 그러므로 성인은 미혹되어 고통받고 살아가는 백성들을 보면 측은히 여기는 마음으로 그들을 구하고자 하는 마음이 발동한다. 그들을 구하는 방법은 그들을 교화함으로써 깨닫게 하는 방법이 있겠으나, 미혹이 심하면 어둡기 때문에 자신이 어둡다는 사실조차 모르고 살아간다. 따라서 그들을 직접 교화하는 방법이 아닌 간접적인 방법을 통하여 그들의 정서를 순화시킬 수 있는 방법이 필요하다. 그 방법이 예禮와 악樂이다. 따라서 성인은 예의와 음악을 제정하여 사람들이 진리에 가까이 돌아가도록 하면 될 것을 알았다고 한 것이다. 사람들의 본성 역시 원래 진리와 하나이므로 진리를 기뻐하는 것은 본능이라 할 수 있다.

그런데 예와 악이 어떻게 성性에 이를 수 있게 하는 방법이 되는지에 대해서는 『예기』에 잘 나타나 있다.

예악禮樂은 몸에서 잠시도 떼어놓을 수 없는 것이니, 음악을 지극히 하여서 마음을 다스리면 정직하고 어진 마음이 자연히 생겨난다. 정직하고 어진 마음이 생겨나면 즐거워지고, 즐거워지면 편안해지며, 편안해지면 오래할 수 있고, 오래할 수 있으면 하늘에 이르며, 하늘에 이르면 신령스러워진다. 하늘과 같아지면 말하지 아니하여도 믿음을 얻게 되고, 신령스러워지면 노여워하지 아니하여도 위엄이 있게 되니, 음악을 지극히 하여서 마음을 다스리는 것이다.

〔『禮記』「樂記」: 禮樂不可斯須去身 致樂以治心 則易直子諒之心油然生矣 易直子諒之心生則樂 樂則安 安則久 久則天 天則神 天則不言而信 神則不怒而威 致樂以治心者也〕

그러므로 우리가 살아가면서 보고 듣고 말하고 행동하는 것이 얼마나 중요한지 알 수 있다. 심심하다 하여 짐짓 우리의 본성을 파괴하고 고운 심성에 상처를 내는 일까지도 놀이나 문화로 여기기에 하는 말이다. 그것이 얼마나 어리석은지 문화에 종사하는 이들은 한번쯤 돌아보아야 한다는 뜻이다. 특히 영화나 음악, 미술과 같은 예술은 우리의 정서를 순화하기 위함이 순기능이란 점을 잊지 말아야 한다.

지금까지 자타自他의 방법을 통해 우리가 진리에 이를 수 있는 방법을 알아보았다. 진리에 이른다는 말은 우주와 공명共鳴을 의미한다. 우주의 진동과 그 리듬을 같이한다는 뜻이다. 그것은 즐거움을 의미하며, 조화와 균형을 통한 건강한 삶을 의미하고, 평등성을 회복하여 화평한 가운데 대자유를 누리는 일이다.

마치는 글

"우리는 왜 사는가?"

우리는 분명 행복하기 위해서 살아간다. 그러므로 공자의 말을 빌지 않더라도 행복은 삶의 목표이다. 동시에 행복은 의무이고 우리가 누려야 할 권리이다.

"공부는 왜 하는가?"

잘먹고 잘살기 위해서 공부한다. 진실로 잘먹고 잘살아간다는 것은 궁극적으로 행복한 삶을 산다는 뜻이다.

그런데 지금까지 필자는 행복은 진리를 깨쳤을 때 가능하다고 하였다. 그런 의미에서 성인이 되어야 진정한 행복을 누릴 수 있다고 하였다. 그렇다면 그게 과연 가능하기나 한 얘기인가? 사람으로 태어나서 완성된 단계에 이르러 진실로 대자유인으로 살아간다는 것이 가능하겠느냐는 물음이다.

필자는 2009년 2학기말 성균관대학교에서 '유학과 리더십' 수강생을 상대로 점검을 해 본 적이 있었다. 방대한 공맹사상, 즉 유학사상을 중심으로 하여 리더십을 가르치던 막바지의 일이었다.

"이 가운데 성인이 되고자 하는 사람은 손들어 볼래요?"

그런데 너무나 뜻밖의 상황에 놀란 것은 오히려 필자였다. 70명 가운데 무려 13명 이상이 성인이 되고 싶다고 했다. 그 가운데 한 학생은 2010년 현재 자신과 뜻을 같이하는 학생들 20여 명과 함께 동아리까지 만들었다고 한다. 그렇다면 이들은 무모한 아이들일까? 무지에서 비롯된 오만일까?

성균관대학교 대학원시절 도원 유승국 선생님께서는 강의 도중 우리 수강생 10여 명을 둘러보시며 "이 가운데 성인을 꿈꾸는 자가 한 명이라도 있다면 그건 굉장한 거다"라고 말씀하셨다. 왕양명도 소시적에 이미 성인을 꿈꾸었다고 들었다.

그러나 이 책의 처음부터 지금까지 완독을 한 독자라면 대체로 "어떻게 성인을 꿈꿔?"라고 반문할 것이다. 성인은 우주의식과 합일이 되어 지극히 정성스러운 삶을 살아가는 존재라고 하였다. 그런데도 정작 성인은 정성스럽고자 하는 뜻조차 지니지 않은 채 저절로 그렇게 익숙하게 살아가는 존재라고 하였다. 하늘보다 앞서도 하늘이 어기지 않으며, 하늘보다 뒤에 행하더라도 하늘을 어기지 않는 존재라고 하였다. 만들어 놓은 자아, 즉 거짓된 자아를 완전히 벗어버리고 우주 전체를 자신의 몸으로 살아가는 존재라고도 하였다. 따라서 내면은 언제나 평화롭고 밖의 모습은 사랑의 미소가 떠나지 않는 사람이 바로 성인의 모습이다. 덕성으로 인한 광휘가 주변을 모두 조복시키는 존재이다. 어떤 반감을 가지고 성인에게 다가왔더라도 그 앞에 서면 그냥 무장해제가 되게 하는 존재이다. 조짐을 미리 읽어내고 재앙이 오기 전에 방비하는 존재이기도 하다. 이 모든 것들을 종합한 완전한 인격체가 바로 성인이다. 가능한 일이겠는가? 그런데도 13명이나 손을 들었다. 얼마나 아름다운 젊은이들인가. 필자는 너무나 감동하여 가슴이 뭉클했었다.

현실을 돌아보면 어떠한가. 주변을 말할 것도 없이 필자만 해도 인생무상을 시시때때로 느끼면서 살아간다. 아무리 팍팍한 세태라지만 인간관계는 너무나 허약하다. 영원히 함께 살아갈 것만 같던 막역지우도 이해관계에 따라 하루아침에 등을 돌리는 세상이다. 우리가 보기에는 정점에 서 있는 스타들조차 삶의 고통을 감당하지 못해서 스스로 생을 마감했다는 소식이 자주 들려온다. 이곳저곳에서 나름의 권리를 주장하며 시위도 한다. 먹을거리, 볼 것, 놀 것 어떤 것 하나 제대로 안전한 것이 없다. 그것이 현실이다. 우리가 서 있어야 할 자리는 행복이라지만 오히려 행복 아닌 자리가 제자리처럼 느껴지는 세상이다. 그러한 삶의 무게가 너무 고통스러워 가슴이 먹먹하도록 아플 때조차 있다. 심지어 어쭙잖은 자세로 명상에 든다고 수행자 흉내까지 내면서 살아가는 필자의 현주소 역시 별반 다르지 아니하다.

그러나 다시 이렇게 한 번 생각해 보면 어떨까? 일단 우리 모두는 이 우주의 구성원이므로 자신의 의무를 저버릴 수는 없다. 그러니 다 같이 지상과제인 행복을 찾아서 떠나자는 것이다. 그리고 행복, 곧 진리란 '사랑' 그 자체라는 것을 잊지 말자는 것이다. 앞에서 끊임없이 반복했던 내용이지만 이 우주에 충만한 생명력은 바로 사랑의 에너지이기 때문이다. 그러므로 우리는 모두 '사랑' 안에 푹 빠져 있음을 기억하라는 것이다. 그것은 곧 우리는 모두 사랑 받기 위해서 태어났고, 사랑하기 위해서 태어났다는 증거이다. 따라서 우리는 만물에 앞서 나 자신부터 열정적으로 사랑해야 한다는 사실을 또한 기억해야 한다.

유교儒敎 역시 그것을 강조하는 가르침이다. 그리고 다시 한 번 자신의 모습을 보면 어떨까. 아직도 어딘가 밉거나 모자란 구석이 자꾸 눈에 뜨인다면 다시 최면을 더 강력하게 걸어야 한다. 그러고 나서 자신을 살펴보면 이번엔 어떠한가. 바로 그거다. 이만하면 괜찮다는 생각이 들지 않는가 말이다. 많이 사랑스럽고 나름 개성이 넘치는 자신이 그곳에서 웃고 있을 것이다. 팔다리를 한번 들어보고 만족스러운 얼굴로 한번 씨~익 웃어주자. 내가 원하는 곳에 갈 수 있고 내 한 입 채우는 데 부족함이 없다면 더욱 감사할 일이다. 있는 그대로의 내가 참 멋지고 사랑스럽고 대견

마치는 글

하다면 이젠 된 것이다.

  이 거대한 우주도 나에게서 시작한 것이니 나는 얼마나 귀한 존재인가. 제아무리 잘났고 대단하다고 해도 우주의 입장에서 본다면 도토리 키 재기일 것이다. 그러니 자신에게 속삭여야 한다. "괜찮아 이만하면 됐어. 다음엔 좀 더 잘하자!"라고 말이다. 그러면서 시작하는 것이다. 완전한 행복을 위하여 지금 이 순간부터 성현의 가르침을 따라 앞으로 돌진하는 거다. 그 외에 일어나는 욕망은 아무런 도움이 되지 않을 뿐만 아니라 오히려 걸림돌이 된다. 모든 욕망에서 자유로워지기 위해 스스로에게 최면을 걸어라. 마음을 비워라. 그것이 텅빈 충만이다. 분명한 우리의 목표는 행복이다. 그것을 잊지 말고 지금 이 순간 내게 주어진 모든 것에 감사하자. 감사하면 겸손해지고 겸손해지면 나누게 된다. 나누다 보면 저절로 욕심은 비우게 된다. 남의 평가에 휘둘리지 말고 내면의 소리인 '하늘의 울림'에 귀 기울이자. 그렇게 매일 새롭게 태어나다 보면 호연지기로 충만한, 그래서 하늘같은 마음을 지닌 자신을 발견하게 되리라. 그가 바로 삶의 주인이 되어 당당하게 걸어가는 행복 그 자체인 사람이다.

지은이 ● **김용남** 法齋永憲 金龍南

강원도 평창군 봉평에서 태어나 강릉여자고등학교와 국군간호사관학교를 거쳐 성균관대학교에서 「유교의 행복관」으로 문학석사학위를, 「이고李翱의 복성론復性論에 관한 연구」로 철학박사학위를 받았다.

성균관대학교 강사, 동국대학교 BK21불교문화사상사연구단 연구원, 연구교수, 동국대학교 불교학과 및 불교대학원 강사를 거쳐 대림대학교 교수로 재직 중이다.

저서로는, 『성리학, 유불도의 만남』『이고』가 있으며, 주요 논문으로 「중용中庸과 선禪의 의미 고찰」, 「이고의 복성론에 나타난 불교이해」, 「정신물리학의 입장에서 본 장자莊子의 무정無情」, 「불교의 수행위차에 관한 고찰」등이 있다.

현재 인터넷 동영상특강(교양과행복; iamhappy)으로 '공자의 행복이야기'가 있으며, 불교방송 IPTV에서 'BBS 파워특강; 불교로 읽는 노자'를 1년간 진행하였다.

행복론 **1** 유교의 행복론
공자와 떠나는 행복여행

초판 1쇄 인쇄 2010년 10월 6일 | 초판 1쇄 발행 2010년 10월 15일
지은이 김용남 | 펴낸이 김시열
펴낸곳 너울북 (136-036) 서울 성북구 동소문동 6가 25-1 청송빌딩 3층
전화 (02) 926-8361 | 팩스 (02) 926-8362
ISBN 978-89-953693-7-1 04100 값 12,000원